资助项目:

中国博士后科学基金（编号：2020M680640）

湖北省普通高校人文社科重点研究基地鄂东教育与文化研究中心重大课题"中小学教师参与学校治理的有效机制研究"（编号：202017404）

湖北省教育厅2021年人文社科前期资助重大项目"中小学教师参与学校治理的有效性研究"（编号：21ZD133）

湖北省高等学校优秀中青年科技创新团队计划项目"教育现代化背景下教师教育创新发展研究"（编号：T201929）

湖北省教育发展改革专项项目"湖北省县域普通高中发展提升的难点和推进路径研究"（编号：2022-45）

中小学教师参与学校治理的有效性研究

■

李　威　陈中文　著

重庆出版集团 ⓒ 重庆出版社

图书在版编目（CIP）数据

中小学教师参与学校治理的有效性研究 / 李威, 陈中文著. -- 重庆 : 重庆出版社, 2023.5
ISBN 978-7-229-16339-6

Ⅰ.①中… Ⅱ.①李… ②陈… Ⅲ.①中小学 – 教师 – 参与管理 – 学校管理 – 研究 Ⅳ.①G637

中国国家版本馆CIP数据核字(2023)第033666号

中小学教师参与学校治理的有效性研究
ZHONGXIAOXUE JIAOSHI CANYU XUEXIAO ZHILI DE YOUXIAOXING YANJIU

李　威　陈中文　著

责任编辑：袁婷婷
责任校对：李春燕
装帧设计：优盛文化

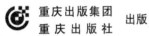

重庆出版集团
重庆出版社　出版

重庆市南岸区南滨路162号1幢　邮编: 400061　http://www.cqph.com
河北万卷印刷有限公司
重庆出版集团图书发行有限公司发行
E-MAIL: fxchu@cqph.com　邮购电话: 023-61520646
全国新华书店经销

开本: 710mm×1000mm　1/16　印张: 8.75　字数: 120千
2023年11月第1版　2023年11月第1次印刷
ISBN 978-7-229-16339-6

定价: 58.00元

如有印装质量问题，请向本集团图书发行有限公司调换: 023-61520417

自 序

草长莺飞，惠风和煦，最是一年春好处。时隔两年，本书终于即将付梓。回想起努力研究的历程，以及一路上遇到的人和风景，我的心中就像这三月的暖阳，充满温暖和感激。

写作《中小学教师参与学校治理的有效性研究》一书，渊源有三：

第一，出身于"教师之家"的长期观察与思考。我出身于湖北省蕲春县——也被称为"教授县"的一个教师家庭，父亲一辈子都扎根于同一所乡镇小学工作，先后担任过教师、教导主任、副校长、校长等不同职位，他昏暗灯光下伏案写作的身影留在我年幼的记忆里。从小的耳濡目染，使我对于中小学教师职业和管理工作有着更加感性的认识。尤其是进入 21 世纪以来，我国教育领域改革的不断深入，改变了中小学的教育生态。在我的切身观察中，中小学教师参与学校治理，不再只是一种理念，而成为一种鲜活的事实。

第二，在中国教科院博士后研究工作期间的积累。2019 年 11 月，我从复旦大学高教所博士毕业后在国家教育行政学院担任学报编辑和访问学者期间，有幸被推荐到中国教科院教师发展研究所跟随张布和老师进行博士后研究工作。除导师外，易凌云、卿素兰、李新翠、高慧斌、王文宝、陈春勇、刘妍、陈飞、常淑芳、刘卓雯等所里的老师都给我提供了很多学术上的支持和启发。尤其"海淀名师提升计划"项目和"特岗青椒计划"项目，让我亲自参与了北京海淀、浙江杭州、云南文山、新疆阿克苏等地的中小学教师调研和培训工作，对于当前我国中小学学校治理和教师专业发展的现状有了更加理性的认识。

第三，在黄冈师范学院工作后的课题研究。博士后出站回到家乡最高学府"黄师"工作后，有幸遇到了睿智而友善的教育学院陈中文院长。黄冈虽位于大别山革命老区，经济不甚发达，但在基础教育领域却也威名赫赫。陈院长学术精湛、经验丰富且具有前瞻眼光，非常支持我的科研工作。2021年，我们联合申报了同名的湖北省社科基金前期资助项目且得到立项资助。在课题组团结努力下，我们针对北京、上海、湖北、河南等四省中小学教师开展了深入的问卷调查和访谈研究，并最终撰写完成了研究报告，这也是本书的原型。

教育是民族振兴、社会进步的重要基石，是功在当代、利在千秋的德政工程。党的二十大和全国"两会"报告对中国式现代化作出了战略安排，明确要在二〇三五年建成教育强国、科技强国、人才强国，都强调了"着力补齐教育发展短板""加快义务教育优质均衡和城乡一体化""加快建设高质量教育体系"。本书中涉及的"中小学教师""公民参与""共同治理"等看似简单的词汇，折射出了中国式教育治理现代化发展的核心理念和美好未来。

感谢重庆出版社曾海龙主任和袁婷婷编辑的大力支持！在疫情最困难的时期，他们依然努力奋战，保证了本书的编校出版进度。经过两年的酝酿和数易其稿，终于成形。本书的出版若能为推进我国中小学校治理现代化的进程贡献微薄之力，则心愿足矣！

李威

黄冈师范学院红烛湖畔

2023 年 3 月 18 日

前　言

　　中小学教师参与学校治理，不仅对学校整体发展具有重要意义，而且对教师个人职业生涯和专业发展起着至关重要的作用，同时也关涉立德树人根本任务的落实。完善学校治理结构、提高学校治理能力，需要确立教师在学校治理中的主体地位，发挥教师在学校治理中的"权力分享""权力监督"和"责任共担"作用，这是时代使命，更是实践所需。本研究致力于探讨我国中小学校中教师参与学校治理的有效性问题，通过对教师参与学校治理的现状、影响因素的研究，构建教师参与学校治理的有效机制。

　　首先，基于组织公民行为理论和参与式民主理论，参考国内外相关文献，构建我国中小学教师参与学校治理的理论模型。教师参与学校治理主要考察的方面包括：第一，教师参与学校治理的范围与程度；第二，教师参与学校治理的意愿；第三，教师参与学校治理的组织与机制；第四，教师参与学校治理的能力与效果。通过对四个核心变量内涵的考察，提出四条关系研究假设，并设定四个核心变量的具体测量题项。

　　其次，面向全国四个省（直辖市）中小学教师发放的480份教师参与学校治理现状问卷的调查结果显示：第一，我国中小学教师参与学校治理的现状总体不尽如人意。中小学教师在参与意愿方面表现较好，均值达到3.44；参与能力与效果、参与机制也都达到3.0以上；但参与事务范围与程度仅为2.09，远低于3.0的"及格"水平。第二，从方差分析和回归分析的结果来看，教师的性别、教龄、职称、政治面貌、参与能力、参与意愿等个体因素，教师是否有行政职务、是否为教职工代表大会成员、是否为校务委员会 / 理事会 / 董事会成员等学校组织因素，管理者的反馈制度、信息公开制度、监督申诉制度以及教师参与保障与鼓励制度等学校制度因素，都对教师参与学校治理的有效性有显著影响。第三，教师参与学校治理的组织 / 机制在其中起到了中介调节作用。

在现代学校制度建设过程中，教师参与学校治理是重中之重，各地也涌现出了很多教师参与学校治理方面的优秀案例，如北京市十一学校的"让每一位教师都成为'领导者'"模式，北京市海淀区中关村第三小学的"教师参与的矩阵式管理"模式，北京市丰台区方庄教育集群的"基于教师学习的政策支持"模式，北京市怀柔区九渡河小学的"直管治理架构与社区共同治理"模式，湖北省黄冈中学的"以制度保障教师参与治理权"模式。通过文本收集和学校领导、学校教师访谈中的三角互证，发现结合中小学的特色和资源可以采用多样化的教师参与治理方式，且能取得较好的治理效果。

再次，基于问卷调查和实地调研结果，根据教师参与的理想、现状和目标，提出教师有效参与学校治理的两点研究结论：第一，明确治理组织是教师参与学校治理的有力保障，包括校务委员会 / 理事会 / 董事会、教职工代表大会、职称评定委员会、教研组 / 课题组、教师工会等主流组织，以及年级委员会、家校委员会等部分学校设置的组织；第二，促进教师参与学校治理的有效机制主要包括信息公开机制、民主协商机制、意见反馈机制和参与激励机制，它们为教师参与学校治理提供了可能性、可行性和动力源泉，是促进教师参与学校治理的基本制度逻辑。

最后，针对目前我国中小学教师参与学校治理的不足，提出以下四点政策建议：增加教师参与学校治理的范围和赋权；通过反馈增强教师参与学校治理的意愿与影响力；优化教师参与学校治理的组织和途径；健全教师参与学校治理的制度体系。

目　录

第一章　绪论 …………………………………………………………… 1

一、问题提出及研究价值 ………………………………………… 3

二、概念界定与文献综述 ………………………………………… 5

三、研究目标与研究内容 ………………………………………… 11

四、研究思路与基本方法 ………………………………………… 13

第二章　理论基础与研究设计 ………………………………………… 17

一、理论基础 ……………………………………………………… 19

二、研究假设与研究设计 ………………………………………… 22

三、测量维度 ……………………………………………………… 24

第三章　中小学教师参与学校治理的现状调查与评价 ……………… 27

一、样本特征 ……………………………………………………… 29

二、问卷的信效度检验 …………………………………………… 31

三、现状调查总体结果 …………………………………………… 35

四、中小学教师参与学校治理的影响因素分析 ………………… 42

第四章　中小学教师参与学校治理的典型案例研究 ………………… 61

一、案例研究过程 ………………………………………………… 63

二、典型案例分析 ………………………………………………… 65

三、小结 ………………………………………… 86

第五章 研究结论：中小学教师参与学校治理的有效机制 ……87

一、治理组织是教师参与学校治理的有力保障 ………… 89

二、教师参与学校治理的具体机制 ………………… 95

第六章 促进中小学教师有效参与学校治理的对策建议 ……… 103

一、增加教师参与治理的范围和赋权 ………………… 105

二、通过反馈增强教师参与的意愿与影响力 …………… 106

三、优化教师参与治理的组织和途径 ………………… 107

四、健全教师参与学校治理的制度体系 ……………… 108

参考文献 ………………………………………… 110

附录 1：中小学教师参与学校治理现状的调查问卷 ………… 116

附录 2：中小学教师参与学校治理的访谈提纲 …………… 120

附录 3：我国中小学教师参与学校治理重要政策法规节选 …… 121

第一章　绪论

一、问题提出及研究价值

（一）研究背景与问题提出

2019 年 10 月，党的十九届四中全会全面阐述了国家治理体系和治理能力现代化的任务、目标和重大意义，这也为推进教育治理现代化指明了努力的方向，提供了行动指南。学校治理是教育治理的关键所在，教育治理体系和治理能力现代化建设对学校治理提出了更高要求，要求完善学校治理结构、建立现代学校制度。中小学校作为基础教育的办学主体，应主动调整和完善内部治理体系，培养内部治理能力和自主治理能力，为最终实现教育治理现代化提供动力引擎。

教师作为学校活动的主要参与者，其角色不应仅是被动的参与者，更应是主动的治理者。教师参与学校治理不仅符合国家法律法规的要求，也体现出学校对教师主体地位的重视。然而，在当前学校民主管理实践中，教师的参与程度较低，中小学校内部治理权力有所失衡，同时对教师参与的主体性重视不足。教师为学校治理的核心要素，在其参与学校管理工作的过程中，存在着"教师无法参与""教师无效参与""教师不愿参与"以及"教师过度参与"等现实问题。要完善学校治理结构、提高学校治理能力，需确立教师在学校治理中的主体地位，发挥教师在学校治理中的"权力分享""权力监督"和"责任共担"作用，这是时代使命，更是实践所需。但是，面对教师参与学校治理过程中的不足等现实困境，有必要在重新审视教师参与学校治理有效性的基础上，构建促进教师参与学校治理的合理机制与路径。

1. 推进教育治理现代化建设要求教师参与学校治理

教育治理体系建设的关键是参与权、决策权的结构性调整（褚宏启，2014）。[①] 为满足当前社会复杂的教育需求，学校应推动利益相关者共同"善治"，推进学校内部多元主体参与管理，完善学校内部治理

---

① 褚宏启 . 教育治理：以共治求善治 [J]. 教育研究，2014，35（10）：4-11.

结构。

教师是学校的核心利益相关者，是学校治理的参与者，也深受学校治理进程的影响，教师作为学校内部治理主体具有不可或缺性。吴康宁（2017）认为：教师在其自身专业发展中应当成为"动力"、成为"领导"、成为"智者"、成为"自己"。教师专业发展工作的总方针应当是"帮助教师成为自身专业发展的主人"[①]。为了尊重教师个体专业能力，发挥教师群体的工作能力，进一步优化学校干群关系，需要在传统的行政管理和市场交易模式之外，增加学校教师队伍治理的工作方式。[②] 那么，学校治理中的教师体验到底怎样，就成为了一个需要探究的重要议题。以教师视角来审视中小学校的治理进程较为新颖，也具有理论与实践价值。

2. 建设现代学校制度需要普通教师的分享、监督和共担

教育迈向现代化，必然要求建设现代化学校。何谓现代化学校？一个重要指标是要有现代化的学校治理。关注老师的生存状态，是一所学校治理的起点。在学校治理中，只有获得教师的理解，政策制度才会顺利推行，也只有通过教师参与，汇聚教师智慧，治理才会创新。改革开放四十年来，中小学校管理始终以完善和发展校长负责制为核心，一方面致力于校长自身建设，促进校长职业化和专业化；另一方面则致力于不断完善学校治理结构，促进多元参与，实现学校权责的共享与分担。

3. 教师参与学校治理的水平已成为评价学校治理的重要指标

2017 年，教育部颁发《义务教育学校管理标准》（以下简称《标准》），此标准在规范学校办学行为，提升学校发展水平方面意义重大。其中"建设现代学校制度"中"建立健全民主管理制度"是评价学校管理的重要指标。《标准》要求，"健全学校教职工（代表）大会制度，将

---

① 吴康宁.教师应成为自身专业发展的主人[J].南京师大学报（社会科学版），2015（5）：80-86.

② 周彬.学校教师队伍治理：理论建构与运作策略[J].教师教育研究，2020，32（2）：13-19.

涉及教职工切身利益及学校发展的重要事项，提交教职工（代表）大会讨论通过"。在该《标准》中，教师参与的重要制度载体——教职工（代表）大会及其运行成为评价学校管理的重要指标之一。虽然，学校民主参与的方方面面并未全然纳入《标准》，但它向我们释放了教师参与学校治理已然成为衡量学校发展重要指标的信号，而这伴随着民主社会建设、教育治理体系和治理能力现代化、学校治理现代化，也必将获得更多重视。因此，学校治理必须重视教师参与。

（二）研究价值

1. 理论价值

本课题的理论价值在于：对中小学校治理特征的把握和精准分析，能够丰富本土教育管理学理论；建构针对中小学教师参与学校治理程度的科学评测方法；揭示影响中小学教师参与学校治理工作的深层次因素；构建提升中小学教师参与学校治理程度的整合优化框架。

2. 实践价值

本课题的实践价值在于：研究结果对于了解我国中小学教师参与学校治理的程度和构建合理的教师参与治理机制具有咨询和参考价值，能够为国家和地方教育行政部门制定相关政策提供依据，有助于中国特色现代学校制度的完善和促进我国基础教育体系的健康和谐发展。

二、概念界定与文献综述

（一）概念界定

1. 参与式治理

治理是一种理念指导，放权、民主、多元主体的互动协商是其主要内涵。参与式治理是一个公共管理领域的概念，是指通过向普通公民开放公共政策过程以解决实际公共管理问题的制度与过程的总和。相关研究表明：参与式治理在培育社会资本、赋权于民、建设透明政府和提高政府绩效等方面成效显著。

2. 教师参与学校治理

本研究中的教师参与学校治理，是指教师通过多种形式和途径与其他主体协调互动，对除课堂教学活动以外的有关学校整体发展、课程与教学、人事、经费、学生管理、后勤基建等学校集体层面的事务发表意见看法、与他人研讨协商、参与制定方案或做出决定，并对自己言行负责的行为过程。在本研究中，其特指中小学教师参与学校治理，对交流、互动、协商有更高要求。

3. 教师参与学校治理的机制

机制是使核心制度能够正常运行并发挥预期功能的配套制度。它有两个基本条件：一是要有比较规范、稳定、配套的制度体系；二是要有推动制度正常运行的"动力源"，即要有出于自身利益而积极推动和监督制度运行的组织和个体。本研究中的教师参与学校治理的机制，主要是指保障教师有效参与学校治理的相关制度和治理结构、方式方法设计的总和。

4. 教师参与学校治理的有效性

有效性是指完成策划的活动并达到策划结果的程度。任何机构的治理都必须解决治理的有效性问题。学校治理是治理理论在学校场域的综合运用，是多元主体协同共治的活动过程，以多元主体共治、利益合理化、治理法治化及治理有效性为主要原则。教师有效参与治理是学校治理改革的核心议题。

（二）国内外相关研究的学术史梳理和研究动态

20世纪60—70年代，参与式民主理论开始在西方兴起，它在很大程度上弥补了代议制民主的不足。该理论的代表人物卡罗尔·佩特曼（2012）认为，民主政体存在的前提是它处在一个"参与性社会"中，因为普通公民只有通过参与才能学会"民主的方法"。① 格里·斯托克

---

① ［美］卡罗尔·佩特曼. 参与和民主理论 [M]. 陈尧，译. 上海：上海人民出版社，2012.

等（2006）最早构建了促进公民参与的因素，即 C.L.E.A.R 模型，该模型为推动公民参与提供了框架。① 参与式治理是一种在全球范围内广泛兴起的新型治理模式，也成为了我国治理变革的新趋向。2013 年党的十八届三中全会后，我国教育领域治理相关研究逐渐增多，且中小学教师参与学校治理的研究也逐渐涉及，但相较于教师专业发展、教师效能等传统热门话题，此研究仍显不足。从目前国内外已有的教师参与治理研究来看，主要可分为以下几方面。

1. 教师参与学校治理的方式

霍伊和塔特（Hoy &Tarter，2003）提出了教师参与决策的五种模式：单边决策（unilateral decision），管理者做出决策时不征求下属意见；个体咨询（individual advisory），管理者向具有专业知识技能的下属咨询，然后做出决策，意见是否采纳取决于管理者；群体咨询（group advisory），管理者向全体人员征求意见，讨论群体意见，然后做出决策，下属意见是否采纳取决于管理者；群体优势（group majority），管理者邀请下属参与，决策在少数服从多数的原则下做出；群体共识（group consensus），制定决策和进行决策评价时，所有成员有平等的权利，在取得一致意见的基础上做出决策。② 我国学者吴志宏等（2000）认为根据问题性质不同，教师参与决策的方式也应不同，布里奇斯（Bridges, 1987）将教师参与决策的方式分为：照会式、寻求意见式（先民主后集中）、民主集中式、议会式（对于要决断的问题，如果在充分讨论的基础上仍不能达成共识，则投票表决，少数服从多数）和参与者共同决断式。③ 魏叶美、范国睿（2016）研究得出家长教师协会参与学

① ［英］格里·斯托克 . 新地方主义、参与及网络化社区治理 [J]. 游祥斌，摘译 . 国家行政学院学报，2006（3）：92-95.

② ［美］韦恩·K. 霍伊，［美］塞西尔·G. 米斯克尔 . 教育管理学：理论·研究·实践（第 7 版）[M]. 范国睿，译 . 北京：教育科学出版社，2007：314-320.

③ 吴志宏，冯大鸣，周嘉方 . 新编教育管理学 [M]. 上海：华东师范大学出版社，2000：182-183.

校治理主要通过三种方式：影响财政经费分配，并为学校筹措资金；辅助学校教育教学活动；为学生日常生活提供服务；参与学校监督、决策，为学校改革发展提供建议。[①]

2.教师参与学校治理的影响因素

在中小学教师参与学校治理相关研究中，学者们的关注点主要集中在教育科研、课程开发、课程领导、课程管理等领域。但是也有一些研究重点探索教师参与学校决策、学校管理或者学校治理的情况，主要探讨教师参与过程中的问题、影响因素。总结起来，中小学教师参与学校治理工作面临的问题主要有：参与动机主要是维护自身利益，实际参与率比较低，参与方式不合理等。研究者主要从教师自身层面（教师参与意识、能力）、学校管理层面（领导观念、制度、途径）等方面寻找问题并提出建议。在探讨影响教师参与学校治理工作的因素时，中国大多数学者会运用人口学变量，而且习惯从教师个体、学校以及国家三个层面进行分析。西方学者习惯运用量化研究模型，除人口学变量外，他们试图从心理学、组织行为学等学科中寻找影响教师参与的变量。比如，布里奇斯（Bridges）1967年的研究就已指出，教师对参与决策感兴趣主要有两方面的原因：一是决策结果与自身利益相关，二是他有能力影响结果，即他对自身在决策制定过程中能力的感知。Unni Vere Midthassel（2004）指出，教师认知是影响其参与学校治理的最强指标，如果教师认为活动是积极的、校长参与其中、活动与课堂有相关，那么他将更积极地参与。[②]

---

① 魏叶美，范国睿.美国家长教师协会参与学校治理研究[J].全球教育展望，2016，45（12）：89-101.

② Unni Vere Midthassel. Teacher Involvement in School Development Activity and its Relationships to Attitudes and Subjective Norms among Teachers: a Study of Norwegian Elementary and Junior High School Teachers [J]. Educational Administration Quarterly, 2004, 40(3): 435-456.

3. 教师参与学校治理的组织环境与氛围

Waheed Hammad（2010）运用质性方法对学校这一共同体中成员参与共享决策（SDM）的情况进行探究，研究指出教育系统高度集权的特性是阻碍教师参与决策的主要因素，同时学校中存在的诸如人际缺乏信任、参与担心（个人利益导致学校混乱、引发学校冲突）、不熟悉共享决策等因素，也严重阻碍了教师参与。[①] Aieman Ahmad Al-Omari（2007）对 185 名教职工的调查发现，正式结构中领导与教职工间的互动、教职工对领导知识权威的认识，非正式结构中教职工对同事不支持的担心，以及教师的年龄和自信，都对教师参与产生了重要影响。[②] Mark A. Smylie（1992）运用多元回归分析也证明了领导 / 校长与教师间的关系对教师参与学校人事、课程教学、员工培训发展和普通管理等方面的决策产生了显著影响。[③] 我国学者王建艳（2007）运用多层线性模型对 S 市城区中小学教师参与学校管理的影响因素进行分析，发现教师自我效能感是影响其参与的重要因素，教师组织承诺和民主意识分别对教师实际参与和希望参与有影响，校长领导风格以及教职工代表大会中教师代表的比例也是影响教师参与的重要因素。[④]

4. 教师参与学校治理的影响效果

Cheng Chi Keung（2008）发现，教师参与学校层面的课程及管

---

① Waheed Hammad. Teachers' Perceptions of School Culture as a Barrier to Shared Decision-making (SDM) in Egypt's Secondary Schools [J]. Compare: A Journal of Comparative and International Education, 2010, 40(1): 97–110.

② Aieman Ahmad Al-Omari. The Organization of Academic Departments and Participation in Decision Making as Perceived by Faculty Members in Jordanian Universities [J]. ISEA, 2007, 35 (2): 82–100.

③ Mark A. Smylie. Teacher Participation in School Decision Making: Assessing Willingness to Participate [J]. Educational Evaluation and Policy Analysis, 1992, 14 (1): 53–67.

④ 王建艳. 中小学教师参与学校管理研究 [D]. 北京：北京师范大学，2007：6.

理取向决策，有助于提升工作满足感和投入感。[①] Taylor Dianne L.& Tashakkori Abbas（1994）基于学校氛围和参与决策制定来预测教师的效能感和工作满意度，但是教师参与对后两者的解释力并不大。[②] Chan Man-Tak 等（1997）研究表明教师参与决策制定对其组织承诺会产生影响，通过对香港 105 名教师的研究发现，当教师参与决策制定时，他们对学校的承诺和热爱精神增加了。[③] James P. Spillane, Richard Halverson, John B. Diamond（2004）研究发现教师参与决策制定会益于有效工作、承诺、渴望和奉献的产生。[④] 国内关于教师参与的研究，从学段来看，主要集中在高等教育，朱家德（2017）认为，参与是高校治理科学化的内在要求。[⑤] 赵德成和王璐环（2019）对中国四省（市）与 PISA2015 高分国家 / 经济体的学校治理结构进行比较分析发现：中国四省（市）学校在教师选聘、教师解聘、评价政策、招生政策、教材选用、课程内容和课程开设等 7 项重大事务中的自主权显著低于高分国家 / 经济体；中国四省（市）校长和教师在各项事务中的平均决策权也显著低于高分国家 / 经济体。多水平分析发现，学校治理结构对学生成绩的

①　Cheng Chi Keung. The Effect of Shared Decision-making on the Improvement in Teachers' Job Development [J]. New Horizons in Education. 2008, 56（3）: 31-46.

②　Taylor D L , Tashakkori A . Decision Participation and School Climate as Predictors of Job Satisfaction and Teachers' Sense of Efficacy [J]. Journal of Experimental Education, 1995, 63（3）: 217-230.

③　Chan Man-Tak, Ching Yue-Chor, Cheng Yin-Cheong. Teacher Participation in Decision Making: The Case of SMI Schools in Hong Kong[J]. Chinese University Education Journal. 1997, 25（2）: 17-42.

④　James P. Spillane, Richard Halverson, John B. Diamond. Towards a Theory of Leadership Practice: A Distributed Perspective [J]. Journal of Curriculum Studies, 2004, 36（1）: 3-34.

⑤　朱家德 . 教师参与高校治理现状的个案研究 [J]. 高等教育研究，2017（8）: 34-41.

影响在中国四省（市）和高分国家 / 经济体中呈现不同的模式。①

总之，伴随校本管理、教育重构等理念的兴起，扩大学校自主性、向教师赋权、教师参与共享决策是 21 世纪教育变革中的重要话题。有关教师参与的理论和实践探索，构建了不同的分析框架，并探求了教师参与的影响因素和影响效果，为本研究提供了诸多有益借鉴。相对而言，中国教师参与学校治理的研究起步较晚，需要获得重视，研究深度也需拓展。

三、研究目标与研究内容

（一）研究目标

中小学教师未能有效参与学校治理是我国现代学校制度建设的难点。而目前学术界对这一问题的根源认识还不充分，一方面，缺乏相关的制度建设，导致教师参与治理的权利在法律层面难以得到保障；另一方面，较少基于实证研究对教师参与学校治理的现状进行有效评价，其所存在的问题也一直被遮蔽在中小学繁杂的教学事务之中。本课题针对中小学教师参与学校治理的实证研究，既可以承接和回应当前我国现代学校制度建设进程和现状评价问题，又可以系统检验思考当下教师参与学校治理效力不足的问题。

本研究的目标是探讨中小学治理中教师参与的运行机制，结合教师参与的现状、影响因素以及公民参与相关理论，构建教师在学校治理中的应然参与机制。具体目标包括三个：第一，根据内容和维度、程度和限度构建中小学教师参与学校治理的基本结构；第二，对中小学教师参与学校治理的现状和机制进行准确有效的评价和分析，并揭示影响参与治理水平的主要因素；第三，构建中小学教师参与学校治理的理想状态，探索促进、规范教师参与治理的程序路径。

---

① 赵德成，王璐环.学校治理结构及其对学生成绩的影响：中国四省（市）与PISA2015 高分国家 / 经济体的比较分析 [J].全球教育展望，2019，48（6）：24-37.

（二）研究内容

中小学教师参与学校治理，不仅需要从顶层设计层面搭建框架，而且需要从改革落实层面画出清晰的"路线图"。对于教师参与学校治理的现状和问题，一些学者，如华东师范大学教育学部范国睿课题组、武汉理工大学教科院张安富课题组已经进行了一定的调查研究工作，但其主要研究高校教师的参与治理问题。本课题再进一步，聚焦中小学教师参与学校治理现状与机制，推动我国的现代学校制度建设实践走向成功。具体而言，本研究借鉴斯托克"参与式治理模型"中部分要素，根据访谈和问卷分析结果，探讨不同因素对中小学教师参与学校治理的影响，深入研究中小学教师参与学校治理的表现机理、影响因素和应然机制与路径。主要的研究内容如下：

第一，中小学教师参与哪些学校事务，划分维度的依据是什么？教师在这些学校事务中的参与程度和限度应该如何规定，依据是什么？

第二，当前我国中小学教师在学校治理中的表现如何？具体包括：教师在学校治理中的主要参与方式有哪些？这些不同参与方式的运行机制是怎样的？它们对学校治理产生了什么影响？教师在各项学校事务中的实际参与程度如何？与期望参与程度和参与限度相比有何差异？教师在参与学校治理过程中会面临哪些矛盾？影响教师参与学校治理的因素有哪些？哪些因素对教师参与产生了显著影响？不同因素如何影响教师的参与？

第三，教师参与学校治理的理想状态是什么样的？为促进教师参与学校治理，应设计哪些机制进行保障？可采取哪些路径、措施更好地促进教师参与理想状态的实现？

（三）拟解决的关键科学问题

1. 教师参与学校治理的现实逻辑

在我国中小学的办学实践中，教师参与学校治理时常会面临许多困境，如教师想参与却缺乏相应制度，而校长等管理者对教师参与又存有诸多顾虑。这说明教师参与学校治理不仅受制于其自身意愿，也受外部系统环境的影响。民主与效率、整体利益和自我利益、个别重用和广泛分权之间的矛盾其实一直伴随着教师参与学校治理的过程。如何厘清教师参与学校治理的现实逻辑，实现中小学校管理者和教师参与思维的"共频"，促进教师在学校治理中积极、有序参与，是本研究极力想解决的首要问题。

2. 教师参与学校治理的理想状态和内部机制

教师参与学校治理的理想状态应该是积极的、有序的。为此，要确定教师拥有积极参与状态应具备哪些基本特征和元素，促进教师参与学校治理的内部机制是什么，哪些因素对教师参与学校治理具有决定性影响，需要教师做出怎样的转变。本研究将对教师参与学校治理的理想状态和内部机制进行细致描述，为解决教师参与学校治理的动力、渠道和程序问题指引方向。

3. 教师参与学校治理的实现路径和策略

为了使教师参与有路径可循，首先，要确定教师参与的范围，加强对教师赋权。其次，根据学校的治理目标确定教师参与的具体方式方法。再次，综合考虑参与教师的意愿、能力、利益等，构建治理运行制度和原则，保障教师的有效参与。为实现教师参与治理的理想状态，本研究将在教师参与学校治理的动力、程序和制度保障方面进行精心设计。

四、研究思路与基本方法

（一）研究思路

本研究从中小学教师参与学校治理的"实然"和"应然"两个层面分析其当前的参与现状，并构建理想状态，提出实现路径。首先，在政策和现实背景下，提出研究问题。其次，结合文献，进行初步访谈，在此基础上明确研究问题。再次，带着研究问题，进行深度访谈，对访谈资料进行质性分析，初步解答教师参与学校治理的现状及影响因素方面的问题，为接下来的问卷设计奠定基础。又次，在访谈和文献的基础上设计问卷，试测后修订问卷，大规模发放问卷；进行数据分析（教师参与学校治理的事实呈现，影响教师参与学校治理的因素分析），得出研究结论，并进行结果讨论。最后，基于研究结论，提出促进教师有效参与学校治理的机制与政策建议。（图1-1）

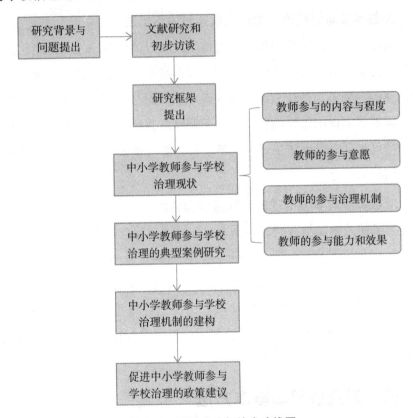

图1-1　研究思路与技术路线图

（二）研究方法

第一，文献研究法。运用 CNKI、Web of Science（WOS）、ERIC 和 JSTOR 等数据库，查询与"教师参与""学校治理"主题相关的文献，并进行系统阅读、梳理和分析，为本研究寻找自身生长点和提出自身分析框架奠定基础。

第二，问卷调查法。在访谈结论的基础上，本研究将自编问卷，通过调研教师参与学校治理的内容与程度及其途径、影响教师参与学校治理的因素等内容，全面真实地反映当前教师参与学校治理的整体状况，进而提出优化建议。通过两种方式发放问卷并回收数据：一、运用问卷星在线设计问卷，将问卷形成的链接通过 QQ 和微信发布，填答所形成的数据并以 SAV 格式下载保存，以便 SPSS 分析使用；二、在调查对象培训或开会休息间隙当面发放问卷。课题组在北京、上海、湖北、河南、安徽五省（直辖市）选定的中小学教师中共发放问卷 500 份，进行分层随机抽样。

本研究主要采用 SPSS 统计分析软件，对测量工具进行修订，并进行数据统计分析。首先，基于描述统计分析，对教师在学校各项事务中的参与程度做出解答。其次，通过验证性因子分析和 Cronbach's Alpha 系数对测量工具的效度和信度进行检验。本研究借鉴国内外已有结论确立测量题目的结构关系，运用验证性因子分析来检验原有假设是否与数据吻合。最后，通过多元线性回归探索影响教师参与学校治理的因素。多元线性回归是两个或两个以上自变量最优组合对一个因变量的数量变化进行预测，探究多个自变量与一个因变量的解释力，并通过建立模型、估算模型的拟合度解释因变量的变异。与简单的双变量相关分析相比，多元线性回归能够在控制其他自变量的情况下，反映出某个自变量对因变量的独立作用。

第三，案例研究法。案例研究法是实地研究的一种。研究者选择一个或几个场景为对象，系统地收集数据和资料进行深入研究，用以探讨某一现象在实际生活环境下的状况。可采用实地观察行为，也可通过研究文件来获取资料。本研究选取了 5 个在教师参与学校治理方面的优秀案例，而在地理分布上，基于研究便利原则，主要为北京地区和湖北地区的案例。案例研究更多偏向定性，在资料搜集和资料分析上具有特色，包括依赖多重证据来源，不同资料证据必须能在三角检验的方式下收敛，并得到相同结论；着重当时事件的检视，不介入事件的操控，可以保留生活事件的整体性，发现有意义的特征。能够对案例进行深刻的描述、系统的理解，对动态的相互作用过程与所处的情境脉络加以掌握，可以获得一个较全面与整体的观点。

第四，访谈法。本研究采用半开放性访谈方法，研究者在进入访谈前备有结构化的访谈提纲，根据具体情况对访谈的内容和程序进行灵活调整。初拟访谈不同案例学校的中小学教师和行政领导各两个人。通过访谈，一是摸清教师对参与学校治理的看法及其参与治理的现状、动机和内容等；二是弥补现有实证研究文献的不足，为设计测量工具奠定基础；三是在访谈过程中寻找典型个案，为案例研究提供线索。

研究者对文本数据所包含内容进行诠释和解读的办法就是通过编码对数据进行类属划分，从中发现观点或模式。类属的生成方法有两种：归纳法和演绎法。前者从对数据的开放编码开始，然后通过不断地校正（合并、删减等）生成类属系统，最后对结果进行阐释；后者是利用已有理论或已有研究中的成熟类属进行编码，过程中也要校正，最后解释研究发现。本研究对教师参与学校治理访谈资料的分析更多是采用归纳的办法生成类属系统。

第二章　理论基础与研究设计

一、理论基础

治理提供的是一种理念指导，放权、民主、多元主体的互动协商是其主要内涵。伴随"治理"的出现，"参与式治理"开始被学术界关注。

（一）参与式民主理论

民主始终是人类社会进步中不可回避的焦点话题，在理论和实践层面的不懈探索和推动中，民主理论研究逐渐呈现出空前繁荣的状态。而复兴于 20 世纪 60—70 年代的参与式民主理论，近些年来备受国内外学术界的瞩目。

参与式民主理论并不是一种全新的民主理论或范式，而是对民主参与传统的一种理性回归，历史上古希腊的公民参与理论和实践体现了民主的原初本质，提供公民参与的灵感之源，是参与式民主的理论源泉。卢梭在继承和发展古希腊民主思想的基础上，大大丰富了参与式民主的理论内涵。古代民主理论强调公民积极参与的理想和实践，但对公民参与弊端的批判始终伴随着民主理论的发展。基于对公民参与困境的思考，近代以来，自由主义代议制民主逐步在西方国家的思想和实践上占据主流地位，并在 19 世纪末 20 世纪初走向繁荣。现代民主理论的一个显著特征是强调公民参与内在的危险性，容易引起"多数人暴政"，因此将目光转向了一种选举民主，即"精英民主"，其具有排斥公民参与的倾向，于是参与式民主在现代走向衰落。但是 20 世纪中期以来，自由主义民主自身的各种缺陷和弊端日渐凸显，而当代参与式民主理论是在对自由主义民主理论及相关现实的种种反思基础上，开始逐步走向复兴的，其中以柯尔和阿伦特为代表的参与式民主理论者拉开了当代参与式民主理论复兴的序幕。

在当代参与式民主理论逐步走向复兴的背景下，缘于对现实中自由主义代议制民主弊端的审视和反思，学者们从不同的层面和视角诠释了参与式民主理论，并以此作为对自由主义代议制民主的修正和补充。1962 年，麦克弗森在《占有性个人主义的政治理论：从霍布斯到洛克》

一书中批判自由主义民主是一种"占有性个人主义"，背离了民主的本质，提出了用参与式民主来对其进行救治，麦克弗森的民主理论推动了当代参与式民主理论的形成。[①] 1970 年，佩特曼的《参与和民主理论》一书出版，标志着当代参与式民主理论的正式形成。[②] 参与式民主理论形成后，引起了西方学术的共鸣，其中以强势民主理论和协商民主理论为代表，推动了参与式民主理论在当代的新进展。

公民参与始终是民主制度的中心议题，参与的多少一直以来都是界定和衡量民主发展程度的重要标志，但不同取向的民主范式对公民参与的认识和看法不尽相同。当代参与式民主理论从民主本质属性出发，将公民参与置于民主理论的核心，阐释和分析了道德条件和公民参与的实践形式等参与要素及其内在关联。参与式民主理论以公民参与为核心，提出了积极参与的民主范式，代表了当代民主理论发展的新取向，成为当代民主理论延伸和拓展的新热点。

当然，西方式的参与式民主并非解决组织治理问题的"灵丹妙药"。本研究在厘清参与式民主理论贡献与不足的基础上，吸收了西方参与式民主理论对我国民主建设有益的成分，将"参与式治理"当作一种指导思想，探索在当代中国教育制度框架下教师参与学校治理的民主方向和路径选择。

（二）组织公民行为理论

美国印第安纳大学的 Demnis Organ 教授及其同事（Cf. Bateman & Organ，1983；Smith，Organ，& Near，1983）首次创造性地提出了"组织公民行为"（OCB）这一术语，将其定义为：未被正常的报酬体系所明确和直接规定的、员工的一种自觉的个体行为，这种行为有助于促进

---

① ［加］C. B.麦克弗森.占有性个人主义的政治理论：从霍布斯到洛克[M].张传玺，译.杭州：浙江大学出版社，2018.

② ［美］卡罗尔·佩特曼.参与和民主理论[M].陈尧，译.上海：上海人民出版社，2012.

组织有效功能的提高。① 这些行为一般都超出了员工的工作描述，完全出于个人意愿，既与正式奖励制度无任何联系，又非角色所要求。

对于组织公民行为的特征维度，许多研究者都提出了自己的观点，综观组织公民行为的研究文献，发现和已被确定的 OCB 有三十多种，典型的有二维结构，如 Smith et al.、Williams & Anders 等；三维结构，如 Van Dyne et al.、Podsakof et al.；四维结构，如 Coleman et al.、Graham 等；五维结构，如 Organ、Moorison 等。

上述不同模型中的概念大量重叠。Podsakoff 对已有的理论进行了归纳与总结，概括出了组织公民行为的 7 个维度构成：助人行为（helping behavior）、运动员精神（sportsmanship）、组织忠诚（organizational loyalty）、组织遵从（organizational compliance）、个人主动性（individual initiative）、公民道德（civic virtue）和自我发展（self development）。组织公民行为是多维度的，非单个因素所能解释。

组织公民行为理论在国内也已经逐渐被接受。近几年，国内的学者也陆续对 OCB 展开了研究。香港科技大学的樊景立教授（Farh Jiing-Lih）在华人社会中对 OCB 结构进行研究，做出了重要贡献。② 其对台湾地区电子、机械、化工、食品、金融、管理咨询等行业和政府机构的 75 个管理者进行施测，得到一个含 5 个因子、22 个条目的台湾地区 OCB 量表，这 5 个因子分别是：认同组织、协助同事、不生事争利、保护公司资源、敬业精神。2003 年，樊景立又用同样的研究程序探索了北京、上海和深圳的 OCB，在这三个城市 72 个企业、共计 158 个公司员工提供的 595 条 OCB 描述中发现了 10 个维度，其中积极主动、帮助同事、观点表述、群体活动参与、提升组织形象这 5 个维度是与西方 OCB 维度所共有的，另有自我培养、公益活动参与、保护和节约公司资源、保持工作场所整洁、人际和睦 5 个维度是对西方 OCB 维度的拓展。

---

① 许有强，秦启文.组织公民行为研究进展[J].法制与社会，2008（28）：212.

② 樊景立，钟晨波，D. W. Organ.中国的组织公民行为研究[J].中国社会心理学评论，2006（2）：102-124.

从嵌入性角度对组织公民行为进行分析可知，其主要受三方面影响，即经济嵌入性、文化嵌入性和社会嵌入性。经济嵌入性印证个人利益、集体利益的紧密相关，文化嵌入性由组织强势文化主导，社会嵌入性由人的社会性主宰，这三者最终导致组织公民行为的产生和强化。[①]刘爱生（2020）在《为什么我国大学教师不太愿意参与治校——基于组织公民行为理论的探讨》一文提出，我国大学在共同治理的实践过程中，普遍存在教师参与治校意愿不高、参与效果不佳的现象。[②]

总之，采用组织公民行为理论分析教师参与治理的行为，是过往研究常用的"结构"视角向"行为"视角的转变，能丰富和加深对教师参与治理的认识。但是，鉴于理论运用的情境化问题和教师参与治理实践的复杂性，我们仍需审慎地看待该理论的解释力。

二、研究假设与研究设计

（一）教师参与学校治理的理想状态与程度

1. 教师参与学校治理的理想状态

每位教师都参与学校事务的决策是不现实的，每位教师在每件学校事务中都提出意见也是不可能的。但是多数教师在某些学校事务中不知情、不愿发表看法、不能参与或者扰乱学校秩序，那就是问题。这些问题的存在既有教师自身的原因，也有学校组织，甚至宏观大环境的影响。了解现实终究是为了更好地构建教师在学校治理中的参与机制。为实现这一目标，首先要明确教师在学校治理中的应然参与状态，这是本研究的价值立足点。

教师参与的理想状态应该是积极的、有序的，即教师愿意参与、能够参与且知道如何参与，具体为合法参与、合理参与且适度参与。

---

① 吴志平. 组织公民行为的嵌入性分析 [J]. 管理观察，2009（14）：28.
② 刘爱生. 为什么我国大学教师不太愿意参与治校——基于组织公民行为理论的探讨 [J]. 高教探索，2020（2）：30-35.

2. 教师参与学校治理的程度

第一，基于 AP 与 DP 的教师参与水平。有学者将参与决策当作一项复杂的工作，他们根据成员实际参与（actual participation，AP）和期望参与（desired participation，DP）之间的差异将教师参与概念化。[①]学者将其概括为教师参与决策制定的三种水平：低水平（deprivation），在决策制定中实际参与少于期望参与；平衡（equilibrium），决策制定中实际参与和期望参与是一样的；高水平（saturation），决策制定中实际参与水平高于期望参与水平。[②]

第二，基于参与阶梯理论的参与水平。美国学者 Sherry R. Arnstein 在 1969 年发表《公民参与的阶梯》（*A Ladder of Citizen Participation*）一文，他将公民参与的水平分为不参与（nonparticipation）、象征性参与（degrees of tokenism）和公民权力（degrees of citizen power），把公众参与分为八个阶梯。[③]

这两种关于教师参与学校治理程度的方法，为本研究设定中小学教师参与水平和梯度提供了借鉴。

（二）研究假设与分析框架

整合现有文献的分析进路，教师参与学校治理主要考察的方面包括：第一，教师参与学校治理的范围与程度；第二，教师参与学校治理的意愿；第三，教师参与学校治理的组织与机制；第四，教师参与学校治理的能力与效果。（图 2-1）

本研究对于四者的关系假设如下：

---

① Dora Choi Wa Ho. Teacher Participation in Curriculum and Pedagogical Decisions: Insights into Curriculum Leadership [J]. Educational Management Administration & Leadership. 2010, 38（5）: 613-624.

② Pv. F. Peretomode. Decisional Deprivation, Equilibrium and Saturation as Variables in Teacher Motivation, Job Satisfaction and Morale in Nigeria [J]. Academic Leadership: The Online Journal, 2006, 4（1）: 111-126.

③ Sherry R. Arnstein. A Ladder of Citizen Participation [J]. Journal of the American Planning Association, 1969, 35（4）: 216-224.

研究假设 H_1：教师参与学校治理的范围/程度与教师参与学校治理的能力/效果显著正相关。

研究假设 H_2：教师参与学校治理的意愿与教师参与学校治理的能力/效果显著正相关。

研究假设 H_3：教师参与学校治理的组织/机制与教师参与学校治理的能力/效果显著正相关。

研究假设 H_4：教师参与学校治理的组织/机制在其中起到中介调节作用。

图 2-1　研究核心变量与关系假设示意图

其中，教师参与学校治理的组织/机制（C）属于中介变量。中介变量（mediator）是一个重要的统计概念，如果自变量 X 通过某一变量 M 对因变量 Y 产生一定影响，则称 M 为 X 和 Y 的中介变量。研究中介作用的目的是在已知 X 和 Y 关系的基础上，探索产生这个关系的内部作用机制。

三、测量维度

国内外文献对教师参与的范畴可以概括为：二维说、三维说和其他。"二维说"分为专业（technical domain）和管理（managerial domain）两个方面。[1] "三维说"是在专业、管理范畴基础上，将学校事务划分为更细致的三个维度。另外，还有一个协商范畴（negotiation domain），

---

[1] Duke D. L., Gansneder B. Teacher Empowerment: The View from the Classroom [J]. Educational Policy, 1990, 4（2）: 145-160.

是由教师联盟来处理的问题和活动。[①]

（一）教师参与学校治理的内容与维度

基于已有文献和发展现状，我国中小学教师参与学校治理的内容与维度可从以下 20 项进行考察：学校办学方向与定位；学校领导人选举；学校经费预算与使用；学校基建与发展规划；学校章程 / 制度拟定；校本课程开发；学科教学计划制定；教研组课题研讨；教学质量评价方案制定；教师任教班级安排；教师课程安排；班主任安排；学生编班；学生课外活动指导；学生奖惩纪律制定；家校关系处理；校园文化建设；教师职称评定；教师考核推优；教师工资福利分配。（见附录 1）

程度按 Likert 五点式进行评价：不知情；知情；提供意见；参与研讨；参与决议。

（二）教师的参与意愿

基于已有文献和发展现状，我国中小学教师参与治理的意愿可从以下 10 项进行考察：我对参与学校事务很感兴趣；能够参与学校事务，我感到高兴和自豪；参与学校事务，我的自我价值得到实现；我愿意在完成教学任务的前提下多参与学校事务；我能接受牺牲一些休息时间参与学校事务；我渴望了解学校治理实情；为了提高自身的专业水平，我愿意参与学校事务；为了提高我在学校的影响力，我愿意参与学校事务；为了维护自己利益，我愿意参与学校事务；为了学校更好发展，我愿意进言献策。（见附录 1）

程度按 Likert 五点式进行评价：非常不符合；不太符合；一般；比较符合；非常符合。

（三）教师参与学校治理的组织与机制

教师参与学校治理的组织与机制可从以下 10 个方面进行考察：教

[①] Anit Somech, Ronit Bogler. Antecedents and Consequences of Teacher Organizational and Professional Commitment [J]. Educational Administration Quarterly, 2002, 38（4）: 555-577.

师代表能参与本校校务委员会 / 理事会 / 董事会决策；学校教职工代表大会功能运转良好；学校职称评定委员会功能运转良好；学校教研组 / 课题组功能运转良好；学校教师工会功能运转良好；学校的信息公开程度令人满意；学校设置了良好的教师监督和申诉机制；学校有要求教师（代表）参与学校治理的制度性规定；学校有告知教师如何参与学校治理的操作性指南；学校设置了促进教师参与学校治理的奖励条款。（见附录 1）

程度按 Likert 五点式进行评价：非常不符合；不太符合；一般；比较符合；非常符合。

（四）教师的参与能力与参与效果

基于已有文献和发展现状，教师参与学校治理的能力与效果可从以下 10 个方面进行考察：我具备参与学校治理的专业知识和技能；我具备参与学校事务所需的沟通能力；我具备参与学校事务所需的合作能力；我清楚知道参与学校治理的有效渠道与方式；我具有良好的政策咨询能力；我的想法或意见被学校采纳过；我的想法或意见引起过学校领导的重视；不论我的意见被采纳与否，学校领导都给过我反馈；我的意见为学校带来了改变或积极影响；曾因参与学校治理产生良好效果，获得相应的奖励。（见附录 1）

程度按 Likert 五点式进行评价：非常不符合；不太符合；一般；比较符合；非常符合。

第三章　中小学教师参与学校治理的现状调查与评价

2021 年 6 月 20 日至 6 月 30 日，课题组在"问卷星"上发布"中小学教师参与学校治理的现状调查"问卷，并通过微信转发、QQ 转发等方式邀请全国的中小学教师进行填答。网络发放问卷的优势是不受时间和空间的限制，收集便利且可以实时跟踪后台数据。共回收问卷 500份，其中有效问卷 480 份，回收有效率 96.0%。

一、样本特征

抽样方法主要为整群随机抽样。整群抽样又称聚类抽样，是将总体中各单位归并成若干个互不交叉、互不重复的集合，称之为群，然后以群为抽样单位抽取样本的一种抽样方式。这里的"群"主要指省域。根据就近原则和亲友的"滚雪球"效应，填答问卷的教师主要分布在北京市、上海市、湖北省、河南省、安徽省等五省（直辖市），区域覆盖东部教育发达地区和中西部教育欠发达地区。

具体样本分布特征情况如表 3–1。

表 3–1 样本分布特征表

类别	样本数	比例 / %
性别		
男	120	25.0
女	360	75.0
学历		
中专	3	0.63
大专	49	10.21
本科	365	76.04
硕士	59	12.29
博士	4	0.83
学校类别		
小学	213	44.38
初中	216	45.0

续表

类别	样本数	比例 / %
高中	51	10.63
教龄		
1～5 年	102	21.25
6～10 年	90	18.75
11～20 年	98	20.42
20 年以上	190	39.58
职称		
初级职称	155	32.29
中级职称	251	52.29
高级职称	72	15.0
特级荣誉	2	0.42
政治面貌		
中共党员（含预备党员）	185	38.54
共青团员	45	9.38
民主党派	2	0.42
无党派人士	14	2.92
群众	234	48.75
行政职务		
无行政职务	244	50.83
班主任	158	32.92
年级负责人	19	3.96
教研组负责人	19	3.96
教务负责人	10	2.08
总务负责人	2	0.42
政教负责人	5	1.04
人事负责人	5	1.04

续表

类别	样本数	比例 / %
工会负责人	2	0.42
校长或副校长	16	3.33
任教的课程		
文科类	248	51.67
理科类	170	35.42
音体美劳类	62	12.92
是否校务委员会 / 理事会 / 董事会委员		
是	39	8.13
否	441	91.88
是否教职工代表大会成员		
是	94	19.58
否	386	80.42
学校地理位置		
直辖市与省会城市	144	30.0
一般城市	64	13.33
县城	219	45.63
乡镇	35	7.29
农村或教学点	18	3.75
学校性质		
公办学校	439	91.46
民办学校	41	8.54

二、问卷的信效度检验

（一）信度分析

表 3-2 列出了"中小学教师参与学校治理"调查问卷各子量表的信度，以及每个子量表所包含的题项数。所谓信度（reliability）就是量表

的可靠性或稳定性，常用来衡量信度的参数为 L. J. Cronbach 所创的 α 系数，α 系数值介于 0 ～ 1 之间，α 系数值越高表明该量表越稳定。在社会科学研究领域，一份信度系数良好的量表或问卷，其分量表信度系数值最好在 0.70 以上，如果介于 0.60 至 0.70 之间，还可以接受使用。内部一致性系数（α 系数）显示，总量表以及量表的各个维度都具有较高的信度系数值，各维度的 α 系数在 0.952 ～ 0.975 之间，总问卷的 α 系数达到 0.973。因此，该问卷的信度较好。

表 3-2　"中小学教师参与学校治理"调查问卷的信度分析

维度	题项数	信度（α 系数）
1. 参与事务范围与程度	20	0.962
2. 参与意愿	10	0.953
3. 参与能力与效果	10	0.952
4. 参与机制	10	0.975
总量表	50	0.973

（二）效度分析

进行因子分析前，要先进行 KMO 检验和 Bartlett 球形检验。KMO 检验系数 >0.8，（Bartlett 球形检验的卡方统计值的显著性概率）$P<0.05$ 时，问卷才有结构效度，才能进行因子分析。

如表 3-3 所示，"中小学教师参与学校治理"调查问卷的 KMO 值为 0.961，大于 0.5；P 值为 0.000，小于 0.005，符合标准。数据呈球形分布，各个变量在一定程度上相互独立。

表 3-3　"中小学教师参与学校治理"调查问卷的 KMO 和 Bartlett 球形检验

取样适应性检验——KMO 值	0.961
Bartlett's 球形值	26 667.553
df	1 225.000
P 值	0.000

通过验证性因素分析，可以将中小学教师参与学校治理量表所包含的题目归结为 4 个维度，累计解释方差为 69.43%，说明研究的初始分维度设计较为科学和准确。（表3-4）

表3-4 "中小学教师参与学校治理"调查问卷的验证性因子分析结果

项目	因子1	因子2	因子3	因子4	共同度
1-1.学校办学方向与定位	0.72	0.15	0.11	0.16	0.580
1-2.学校领导人选举	0.62	0.19	0.11	0.08	0.440
1-3.学校经费预算与使用	0.71	0.25	0.06	0.11	0.582
1-4.学校基建与发展规划	0.71	0.26	0.08	0.12	0.586
1-5.学校章程/制度拟定	0.78	0.20	0.08	0.10	0.662
1-6.校本课程开发	0.69	0.18	0.08	0.07	0.525
1-7.学科教学计划制定	0.64	0.06	0.13	0.03	0.432
1-8.教研组课题研讨	0.56	0.13	0.11	0.05	0.345
1-9.教学质量评价方案制定	0.76	0.16	0.09	0.19	0.647
1-10.教师任教班级安排	0.81	0.07	0.06	0.20	0.699
1-11.教师课程安排	0.79	0.07	0.09	0.18	0.669
1-12.班主任安排	0.78	0.06	0.07	0.20	0.666
1-13.学生编班	0.74	0.08	0.07	0.17	0.594
1-14.学生课外活动指导	0.73	0.10	0.15	0.15	0.582
1-15.学生奖惩纪律制定	0.78	0.11	0.15	0.13	0.660
1-16.家校关系处理	0.72	0.12	0.19	0.09	0.582
1-17.校园文化建设	0.79	0.16	0.12	0.11	0.679
1-18.教师职称评定	0.77	0.26	0.04	0.09	0.670
1-19.教师考核推优	0.80	0.25	0.09	0.10	0.721
1-20.教师工资福利分配	0.79	0.25	0.10	0.13	0.716
2-1.我对参与学校事务很感兴趣	0.23	0.27	0.72	0.20	0.680
2-2.能够参与学校事务，我感到很高兴和自豪	0.16	0.29	0.77	0.11	0.711

续表

项目	因子1	因子2	因子3	因子4	共同度
2-3. 参与学校事务，我的自我价值得到实现	0.16	0.29	0.76	0.18	0.715
2-4. 我愿意在完成教学任务的前提下多参与学校事务	0.12	0.23	0.82	0.17	0.773
2-5. 我能接受牺牲一些休息时间参与学校事务	0.09	0.27	0.72	0.22	0.653
2-6. 我渴望了解学校治理实情	0.12	0.07	0.85	0.15	0.757
2-7. 为了提高自身的专业水平，我愿意参与学校事务	0.10	0.14	0.85	0.19	0.791
2-8. 为了提高我在学校的影响力，我愿意参与学校事务	0.12	0.09	0.81	0.27	0.751
2-9. 为了维护自己利益，我愿意参与学校事务	0.12	0.07	0.70	0.25	0.568
2-10. 为了学校更好发展，我愿意进言献策	0.09	0.18	0.82	0.18	0.741
3-1. 我具备参与学校治理的专业知识和技能	0.14	0.13	0.46	0.68	0.715
3-2. 我具备参与学校治理所需的沟通能力	0.15	0.10	0.49	0.69	0.747
3-3. 我具备参与学校治理所需的合作能力	0.16	0.12	0.51	0.63	0.699
3-4. 我清楚知道参与学校治理的有效渠道与方式	0.21	0.21	0.39	0.73	0.768
3-5. 我具有良好的政策咨询能力	0.22	0.19	0.41	0.72	0.768
3-6. 我的想法或意见被学校采纳过	0.32	0.32	0.22	0.71	0.758
3-7. 我的想法或意见引起过学校领导的重视	0.32	0.37	0.24	0.67	0.748
3-8. 不论我的意见被采纳与否，学校领导都给过我反馈	0.27	0.53	0.22	0.54	0.690
3-9. 我的意见为学校带来了改变或积极影响	0.29	0.36	0.20	0.72	0.768

项目	因子1	因子2	因子3	因子4	共同度
3-10. 曾因参与学校治理产生良好效果，获得相应的奖励	0.26	0.34	0.20	0.71	0.728
4-1. 教师代表能参与本校校务委员会/理事会/董事会的决策	0.29	0.74	0.13	0.30	0.746
4-2. 学校教职工代表大会功能运转良好	0.27	0.83	0.18	0.19	0.830
4-3. 学校职称评定委员会功能运转良好	0.27	0.84	0.22	0.14	0.838
4-4. 学校教研组/课题组功能运转良好	0.22	0.75	0.27	0.08	0.697
4-5. 学校教师工会功能运转良好	0.22	0.83	0.19	0.10	0.788
4-6. 学校的信息公开程度令人满意	0.21	0.87	0.21	0.16	0.872
4-7. 学校设置了良好的教师监督和申诉机制	0.22	0.88	0.18	0.17	0.889
4-8. 学校有要求教师（代表）参与学校治理的制度性规定	0.21	0.85	0.20	0.20	0.856
4-9. 学校有告知教师如何参与学校治理的操作性指南	0.20	0.85	0.16	0.21	0.840
4-10. 学校设置了促进教师参与学校治理的奖励条款	0.19	0.82	0.16	0.23	0.792
特征根值（旋转前）	21.71	6.65	4.17	2.19	—
方差解释率（旋转前）/%	43.42	13.31	8.34	4.38	—
累积方差解释率（旋转前）/%	43.42	56.72	65.06	69.43	—
特征根值（旋转后）	12.20	8.77	8.00	5.75	—
方差解释率（旋转后）/%	24.39	17.55	16.00	11.50	—
累积方差解释率（旋转后）/%	24.39	41.94	57.94	69.43	—

三、现状调查总体结果

表3-5列出了4项中小学教师参与学校治理一级维度内容的平均值和标准差，旨在揭示中小学教师参与学校治理的总体状况。

表3-5　"中小学教师参与学校治理"总体状况

维度	平均值	标准差
1.参与事务范围与程度	2.09	0.781
2.参与意愿	3.44	0.885
3.参与能力与效果	3.14	0.856
4.参与机制	3.26	1.020

从表3-5可以看出，中小学教师在参与意愿方面表现较好，平均值达到3.44；参与能力与效果、参与机制的平均值也都达到3.0以上；而参与事务范围与程度的平均值仅为2.09分，远低于3.0的"及格"水平。

（一）参与事务范围与程度

中小学教师在学校的参与事务范围与程度现状如表3-6所示。

表3-6　中小学教师在学校参与的事务范围与程度现状

您在学校参与了以下事务	不知情	知情	提供意见	参与研讨	参与决议	平均值
1.学校办学方向与定位	126（26.25%）	289（60.21%）	21（4.38%）	30（6.25%）	14（2.92%）	1.99
2.学校领导人选举	190（39.58%）	209（43.54%）	29（6.04%）	18（3.75%）	34（7.08%）	1.95
3.学校经费预算与使用	302（62.92%）	122（25.42%）	16（3.33%）	23（4.79%）	17（3.54%）	1.61
4.学校基建与发展规划	231（48.13%）	198（41.25%）	15（3.13%）	21（4.38%）	15（3.13%）	1.73
5.学校章程/制度拟定	131（27.29%）	269（56.04%）	24（5%）	33（6.88%）	23（4.79%）	2.06
6.校本课程开发	123（25.63%）	236（49.17%）	30（6.25%）	69（14.38%）	22（4.58%）	2.23
7.学科教学计划制订	54（11.25%）	262（54.58%）	40（8.33%）	84（17.5%）	40（8.33%）	2.57

续表

您在学校参与了以下事务	不知情	知情	提供意见	参与研讨	参与决议	平均值
8. 教研组课题研讨	64（13.33%）	208（43.33%）	40（8.33%）	134（27.92%）	34（7.08%）	2.72
9. 教学质量评价方案制定	101（21.04%）	267（55.63%）	41（8.54%）	52（10.83%）	19（3.96%）	2.21
10. 教师任教班级安排	121（25.21%）	277（57.71%）	30（6.25%）	26（5.42%）	26（5.42%）	2.08
11. 教师课程安排	116（24.17%）	285（59.38%）	30（6.25%）	27（5.63%）	22（4.58%）	2.07
12. 班主任安排	142（29.58%）	268（55.83%）	33（6.88%）	18（3.75%）	19（3.96%）	1.97
13. 学生编班	214（44.58%）	207（43.13%）	16（3.33%）	20（4.17%）	23（4.79%）	1.81
14. 学生课外活动指导	125（26.04%）	251（52.29%）	41（8.54%）	38（7.92%）	25（5.21%）	2.14
15. 学生奖惩纪律制定	118（24.58%）	284（59.17%）	32（6.67%）	27（5.63%）	19（3.96%）	2.05
16. 家校关系处理	95（19.79%）	267（55.63%）	54（11.25%）	43（8.96%）	21（4.38%）	2.23
17. 校园文化建设	89（18.54%）	277（57.71%）	51（10.63%）	38（7.92%）	25（5.21%）	2.24
18. 教师职称评定	101（21.04%）	295（61.46%）	37（7.71%）	25（5.21%）	22（4.58%）	2.11
19. 教师考核推优	124（25.83%）	264（55%）	33（6.88%）	29（6.04%）	30（6.25%）	2.12
20. 教师工资福利分配	159（33.13%）	255（53.13%）	24（5%）	21（4.38%）	21（4.38%）	1.94
小计	2726（28.4%）	4990（51.98%）	637（6.64%）	776（8.08%）	471（4.91%）	2.09

调查结果显示，中小学教师在学校参与事务范围与程度仅为 2.09

分，远低于 3.0 的"及格"水平。其中，低于平均值 2.0 的事务有："学校办学方向与定位"（1.99 分）、"学校领导人选举"（1.95 分）、"学校经费预算与使用"（1.61 分）、"学校基建与发展规划"（1.73 分）、"班主任安排"（1.97 分）、"学生编班"（1.81 分）、"教师工资福利分配"（1.94 分）。

（二）参与意愿

中小学教师参与学校治理的意愿现状如表 3-7 所示。

表 3-7　中小学教师参与学校治理的意愿现状

题目＼选项	非常 不符合	不太符合	一般	比较符合	非常符合	平均值
1. 我对参与学校事务很感兴趣	34 （7.08%）	53 （11.04%）	230 （47.92%）	109 （22.71%）	54 （11.25%）	3.20
2. 能够参与学校事务，我感到很高兴和自豪	33 （6.88%）	28 （5.83%）	198 （41.25%）	141 （29.38%）	80 （16.67%）	3.43
3. 参与学校事务，我的自我价值得到实现	37 （7.71%）	42 （8.75%）	170 （35.42%）	159 （33.13%）	72 （15%）	3.39
4. 我愿意在完成教学任务的前提下多参与学校事务	32 （6.67%）	46 （9.58%）	176 （36.67%）	146 （30.42%）	80 （16.67%）	3.41
5. 我能接受牺牲一些休息时间参与学校事务	34 （7.08%）	65 （13.54%）	164 （34.17%）	144 （30%）	73 （15.21%）	3.33
6. 我渴望了解学校治理实情	25 （5.21%）	35 （7.29%）	194 （40.42%）	148 （30.83%）	78 （16.25%）	3.46
7. 为了提高自身的专业水平，我愿意参与学校事务	19 （3.96%）	29 （6.04%）	158 （32.92%）	178 （37.08%）	96 （20%）	3.63
8. 为了提高我在学校的影响力，我愿意参与学校事务	37 （7.71%）	34 （7.08%）	177 （36.88%）	146 （30.42%）	86 （17.92%）	3.44

题目\选项	非常 不符合	不太符合	一般	比较符合	非常符合	平均值
9. 为了维护自己利益，我愿意参与学校事务	39 （8.13%）	46 （9.58%）	170 （35.42%）	150 （31.25%）	75 （15.63%）	3.37
10. 为了学校更好发展，我愿意进言献策	18 （3.75%）	19 （3.96%）	142 （29.58%）	194 （40.42%）	107 （22.29%）	3.74
小计	308 （6.42%）	397 （8.27%）	1779 （37.06%）	1515 （31.56%）	801 （16.69%）	3.44

调查结果显示，中小学教师参与学校治理的意愿为 3.44 分，高于 3.0 的"及格"水平。其中，低于平均值 3.44 的事务有："我对参与学校事务很感兴趣"（3.20 分）、"参与学校事务，我感到很高兴和自豪"（3.43 分）、"参与学校事务，我的自我价值得到实现"（3.39 分）、"我愿意在完成教学任务的前提下多参与学校事务"（3.41 分）、"我能接受牺牲一些休息时间参与学校事务"（3.33 分）、"为了维护自己利益，我愿意参与学校事务"（3.37 分）。

（三）参与能力与效果

中小学教师的参与能力与参与效果现状如表 3-8 所示。

表 3-8　中小学教师的参与能力与参与效果现状

题目\选项	非常 不符合	不太符合	一般	比较符合	非常符合	平均值
1. 我具备参与学校治理的专业知识和技能	16 （3.33%）	56 （11.67%）	219 （45.63%）	132 （27.5%）	57 （11.88%）	3.33
2. 我具备参与学校治理所需的沟通能力	15 （3.13%）	57 （11.88%）	209 （43.54%）	143 （29.79%）	56 （11.67%）	3.35
3. 我具备参与学校治理所需的合作能力	13 （2.71%）	48 （10%）	200 （41.67%）	156 （32.5%）	63 （13.13%）	3.43

续表

题目\选项	非常 不符合	不太符合	一般	比较符合	非常符合	平均值
4. 我清楚知道参与学校治理的有效渠道与方式	29 （6.04%）	78 （16.25%）	210 （43.75%）	115 （23.96%）	48 （10%）	3.16
5. 我具有良好的政策咨询能力	21 （4.38%）	79 （16.46%）	236 （49.17%）	102 （21.25%）	42 （8.75%）	3.14
6. 我的想法或意见被学校采纳过	51 （10.63%）	76 （15.83%）	204 （42.5%）	105 （21.88%）	44 （9.17%）	3.03
7. 我的想法或意见引起过学校领导的重视	45 （9.38%）	80 （16.67%）	202 （42.08%）	104 （21.67%）	49 （10.21%）	3.07
8. 不论我的意见被采纳与否，学校领导都给过我反馈	40 （8.33%）	83 （17.29%）	190 （39.58%）	117 （24.38%）	50 （10.42%）	3.11
9. 我的意见为学校带来了改变或积极影响	49 （10.21%）	89 （18.54%）	203 （42.29%）	93 （19.38%）	46 （9.58%）	3.00
10. 曾因参与学校治理产生良好效果，获得相应的奖励	70 （14.58%）	102 （21.25%）	195 （40.63%）	74 （15.42%）	39 （8.13%）	2.81
小计	349 （7.27%）	748 （15.58%）	2068 （43.08%）	1141 （23.77%）	494 （10.29%）	3.14

调查结果显示，中小学教师的参与能力与效果为 3.14 分，高于 3.0 的"及格"水平。其中，低于平均值 3.14 的事务有："我的想法或意见被学校采纳过"（3.03 分）、"我的想法或意见引起过学校领导的重视"（3.07 分）、"不论我的意见被采纳与否，学校领导都给过我反馈"（3.11 分）、"我的意见为学校治理带来了改变或积极影响"（3.00 分）、"曾因参与学校治理产生良好效果，获得相应的奖励"（2.81 分）。

（四）参与组织与机制

中小学教师参与学校治理的组织与机制现状如表 3-9 所示。

表 3-9　中小学教师参与学校治理的组织与机制现状

题目\选项	非常 不符合	不太符合	一般	比较符合	非常符合	平均 值
教师代表能参与本校校务委员会/理事会/董事会的决策	52 （10.83%）	87 （18.13%）	168 （35%）	110 （22.92%）	63 （13.13%）	3.09
学校教职工代表大会功能运转良好	48 （10%）	58 （12.08%）	172 （35.83%）	126 （26.25%）	76 （15.83%）	3.26
学校职称评定委员会功能运转良好	39 （8.13%）	54 （11.25%）	183 （38.13%）	131 （27.29%）	73 （15.21%）	3.3
学校教研组/课题组功能运转良好	26 （5.42%）	40 （8.33%）	174 （36.25%）	158 （32.92%）	82 （17.08%）	3.48
学校教师工会功能运转良好	32 （6.67%）	47 （9.79%）	168 （35%）	150 （31.25%）	83 （17.29%）	3.43
学校的信息公开程度令人满意	39 （8.13%）	62 （12.92%）	171 （35.63%）	134 （27.92%）	74 （15.42%）	3.3
学校设置了良好的教师监督和申诉机制	43 （8.96%）	75 （15.63%）	166 （34.58%）	125 （26.04%）	71 （14.79%）	3.22
学校有要求教师(代表）参与学校治理的制度性规定	40 （8.33%）	69 （14.38%）	167 （34.79%）	132 （27.5%）	72 （15%）	3.26
学校有告知教师如何参与学校治理的操作性指南	51 （10.63%）	75 （15.63%）	171 （35.63%）	118 （24.58%）	65 （13.54%）	3.15
学校设置了促进教师参与学校治理的奖励条款	49 （10.21%）	89 （18.54%）	156 （32.5%）	124 （25.83%）	62 （12.92%）	3.13
小计	419 （8.73%）	656 （13.67%）	1696 （35.33%）	1308 （27.25%）	721 （15.02%）	3.26

调查结果显示，中小学教师参与学校治理的机制为 3.26 分，高于 3.0 的"及格"水平。其中，低于平均值 3.26 的事务有："教师代表能参

与本校校务委员会／理事会／董事会的决策"（3.09分）、"学校设置了良好的教师监督和申诉机制"（3.22分）、"学校有告知教师如何参与学校治理的操作性指南"（3.15分）、"学校设置了促进教师参与学校治理的奖励条款"（3.13分）。

四、中小学教师参与学校治理的影响因素分析

（一）方差分析

1. 性别差异

中小学教师参与学校治理的性别差异如表3-10所示。

表3-10　中小学教师参与学校治理的性别差异

测量维度	Q1 性别	N	均值	标准差	F 值	P 值
参与事务范围与程度	男	120	2.37	1.083	63.500***	0.000
	女	360	2.00	0.625		
参与意愿	男	120	3.69	0.988	4.846*	0.028
	女	360	3.36	0.833		
参与能力与效果	男	120	3.47	0.908	5.676*	0.018
	女	360	3.03	0.810		
参与机制	男	120	3.26	1.077	0.695	0.045
	女	360	3.26	1.002		

注：* 表示 $P < 0.05$，*** 表示 $P < 0.001$。

独立样本 T 检验结果显示，男性教师在参与事务范围与程度、参与意愿、参与能力与效果方面都强于女性教师，而在参与机制方面双方不

存在显著差异。

2. 学历差异

中小学教师参与学校治理的学历差异如表 3-11 所示。

表 3-11　中小学教师参与学校治理的学历差异

测量维度	Q2 学历	N	均值	标准差	F 值	P 值
参与事务范围与程度	中专	3	2.38	1.415	2.341	0.054
	大专	49	2.07	0.868		
	本科	365	2.09	0.782		
	硕士	59	2.03	0.576		
	博士	4	3.23	1.247		
参与意愿	中专	3	4.10	0.608	1.783	0.131
	大专	49	3.26	0.888		
	本科	365	3.45	0.881		
	硕士	59	3.40	0.889		
	博士	4	4.23	1.040		
参与能力与效果	中专	3	3.13	0.473	1.312	0.265
	大专	49	3.01	0.806		
	本科	365	3.15	0.866		
	硕士	59	3.16	0.800		
	博士	4	4.00	1.327		
参与机制	中专	3	3.97	0.896	0.810	0.519
	大专	49	3.10	1.077		
	本科	365	3.27	1.014		
	硕士	59	3.27	1.027		
	博士	4	3.63	0.950		

单因素方差分析结果显示，不同学历的教师在参与事务范围与程度、参与意愿、参与能力与效果、参与机制方面都不存在显著差异。

3. 学校类别差异

中小学教师参与学校治理的学校类别差异如表 3-12 所示。

表 3-12　中小学教师参与学校治理的学校类别差异

测量维度	Q3 学校类别	N	均值	标准差	F 值	P 值
参与事务范围与程度	小学	213	2.23	0.783	9.887***	0.000
	初中	216	1.92	0.727		
	高中	51	2.23	0.859		
参与意愿	小学	213	3.47	0.855	0.563	0.570
	初中	216	3.39	0.873		
	高中	51	3.49	1.055		
参与能力与效果	小学	213	3.21	0.853	1.487	0.227
	初中	216	3.07	0.846		
	高中	51	3.19	0.904		
参与机制	小学	213	3.44	1.000	6.336**	0.002
	初中	216	3.13	1.029		
	高中	51	3.06	0.964		

注：** 表示 $P < 0.01$，*** 表示 $P < 0.001$。

单因素方差分析结果显示，不同学校类别的教师在参与事务范围与程度、参与机制方面存在显著差异，在参与意愿、参与能力与效果方面则不存在显著差异。具体来说：在参与事务范围与程度方面，小学教师＝高中教师＞初中教师；在参与机制方面，小学教师＞初中教师＞高中教师。

4. 教龄差异

中小学教师参与学校治理的教龄差异如表 3–13 所示。

表 3–13　中小学教师参与学校治理的教龄差异

测量维度	Q4 教龄	N	均值	标准差	F 值	P 值
参与事务范围与程度	1～5 年	102	2.14	0.710	2.288	0.078
	6～10 年	90	1.92	0.508		
	11～20 年	98	2.21	0.813		
	20 年以上	190	2.08	0.891		
参与意愿	1～5 年	102	3.48	0.882	0.345	0.793
	6～10 年	90	3.36	0.810		
	11～20 年	98	3.45	0.945		
	20 年以上	190	3.45	0.894		
参与能力与效果	1～5 年	102	3.21	0.834	2.144	0.094
	6～10 年	90	2.94	0.832		
	11～20 年	98	3.22	0.961		
	20 年以上	190	3.16	0.813		
参与机制	1～5 年	102	3.42	1.005	2.682*	0.046
	6～10 年	90	3.31	0.915		
	11～20 年	98	3.36	0.993		
	20 年以上	190	3.10	1.075		

注：* 表示 $P < 0.05$。

单因素方差分析结果显示，不同教龄的教师在参与机制方面存在显著差异，表现为：1～5 年的教师 > 11～20 年的教师 > 6～10 年的教师 > 20 年以上的教师；在参与事务范围与程度、参与意愿、参与能力与效果方面则不存在显著差异。

5. 职称

中小学教师参与学校治理的职称差异如表 3-14 所示。

表 3-14 中小学教师参与学校治理的职称差异

测量维度	Q5 职称	N	均值	标准差	F 值	P 值
参与事务范围与程度	初级职称	155	2.08	0.726	7.696***	0.000
	中级职称	251	1.99	0.662		
	高级职称	72	2.45	1.061		
	特级荣誉	2	3.00	2.828		
参与意愿	初级职称	155	3.41	0.900	0.695	0.556
	中级职称	251	3.48	0.840		
	高级职称	72	3.39	0.967		
	特级荣誉	2	2.75	2.475		
参与能力与效果	初级职称	155	3.16	0.835	0.818	0.484
	中级职称	251	3.11	0.842		
	高级职称	72	3.23	0.920		
	特级荣誉	2	2.50	2.121		
参与机制	初级职称	155	3.43	0.998	2.580	0.053
	中级职称	251	3.17	1.004		
	高级职称	72	3.24	1.074		
	特级荣誉	2	2.35	1.909		

注：*** 表示 $P < 0.001$。

单因素方差分析结果显示，不同职称的教师在参与事务范围与程度方面存在显著差异，表现为：特级荣誉教师＞高级职称教师＞初级职称教师＞中级职称教师，基本与职称高低一致；在参与意愿、参与能力与效果、参与机制方面则不存在显著差异。

6. 政治面貌

中小学教师参与学校治理的政治面貌差异如表 3-15 所示。

表 3-15　中小学教师参与学校治理的政治面貌差异

测量维度	Q6 政治面貌	N	均值	标准差	F 值	P 值
参与事务范围与程度	中共党员（含预备党员）	185	2.28	0.889	6.236***	0.000
	共青团员	45	2.07	0.847		
	民主党派	2	3.18	1.945		
	无党派人士	14	1.77	0.513		
	群众	234	1.96	0.632		
参与意愿	中共党员（含预备党员）	185	3.46	0.818	1.285	0.275
	共青团员	45	3.48	0.920		
	民主党派	2	4.25	1.061		
	无党派人士	14	3.01	1.018		
	群众	234	3.43	0.918		
参与能力与效果	中共党员（含预备党员）	185	3.19	0.810	0.912	0.456
	共青团员	45	3.17	0.863		
	民主党派	2	3.55	2.051		
	无党派人士	14	2.80	0.956		
	群众	234	3.11	0.876		
参与机制	中共党员（含预备党员）	185	3.27	0.938	0.648	0.628
	共青团员	45	3.26	1.143		
	民主党派	2	3.85	1.626		
	无党派人士	14	2.89	1.165		
	群众	234	3.27	1.049		

注：*** 表示 $P < 0.001$。

单因素方差分析结果显示，不同政治面貌的教师在参与事务范围与程度方面存在显著差异，表现为：民主党派＞中共党员（含预备党员）＞共青团员＞群众＞无党派人士；在参与意愿、参与能力与效果、参与机制方面则不存在显著差异。

7. 行政职务

中小学教师参与学校治理的行政职务差异分析如表 3-16 所示。

表 3-16　中小学教师参与学校治理的行政职务差异

测量维度	Q7 行政职务	N	均值	标准差	F 值	P 值
参与事务范围与程度	无行政职务	244	1.91	0.602	16.783***	0.000
	班主任	158	2.05	0.707		
	年级负责人	19	2.90	0.869		
	教研组负责人	19	2.12	0.458		
	教务负责人	10	2.54	1.109		
	总务负责人	2	2.30	0.283		
	政教负责人	5	1.79	0.129		
	人事负责人	5	2.70	0.803		
	工会负责人	2	3.33	2.086		
	校长或副校长	16	3.73	1.124		
参与意愿	无行政职务	244	3.39	0.878	1.109	0.355
	班主任	158	3.44	0.859		
	年级负责人	19	3.51	0.854		
	教研组负责人	19	3.52	0.680		
	教务负责人	10	3.14	1.109		
	总务负责人	2	3.15	0.354		
	政教负责人	5	4.04	0.336		
	人事负责人	5	3.72	0.955		
	工会负责人	2	3.85	1.202		
	校长或副校长	16	3.89	1.318		

测量维度	Q7 行政职务	N	均值	标准差	F 值	P 值
参与能力与效果	无行政职务	244	3.05	0.843	2.959**	0.002
	班主任	158	3.13	0.806		
	年级负责人	19	3.24	0.960		
	教研组负责人	19	3.34	0.721		
	教务负责人	10	3.04	1.121		
	总务负责人	2	2.90	0.141		
	政教负责人	5	3.66	0.702		
	人事负责人	5	3.50	0.678		
	工会负责人	2	3.90	0.990		
	校长或副校长	16	4.03	1.013		
参与机制	无行政职务	244	3.17	1.022	1.254	0.260
	班主任	158	3.34	1.011		
	年级负责人	19	3.38	1.078		
	教研组负责人	19	3.14	0.800		
	教务负责人	10	3.21	1.319		
	总务负责人	2	2.80	0.283		
	政教负责人	5	3.56	0.953		
	人事负责人	5	4.34	0.631		
	工会负责人	2	4.00	0.707		
	校长或副校长	16	3.40	1.117		

注：** 表示 $P < 0.01$，*** 表示 $P < 0.001$。

单因素方差分析结果显示，担当不同行政职务的教师在参与事务范围与程度方面存在显著差异，表现为：校长或副校长＞工会负责人＞年级负责人＞人事负责人＞教务负责人＞总务负责人＞教研组负责人＞班主任＞无行政职务＞政教负责人；在参与能力与效果维度上也存在显著差异，表现为：校长或副校长＞工会负责人＞政教负责人＞人事负责人＞教研组负责人＞年级负责人＞班主任＞无行政职务＞教务负责人＞总务负责人。总体而言，校长或副校长的参与事务范围与程度和参与能力与效果都是最高，无行政职务的教师参与事务范围与程度和参与能力与效果都较差。在参与意愿、参与机制方面则不存在显著差异。

8. 任教课程

中小学教师参与学校治理的任教课程差异如表 3-17 所示。

表 3-17　中小学教师参与学校治理的任教课程差异

测量维度	Q8 行政职务	N	均值	标准差	F 值	P 值
参与事务范围与程度	文科类	248	2.07	0.763	0.213	0.808
	理科类	170	2.10	0.801		
	音体美劳类	62	2.14	0.804		
参与意愿	文科类	248	3.38	0.877	1.296	0.275
	理科类	170	3.49	0.905		
	音体美劳类	62	3.54	0.859		
参与能力与效果	文科类	248	3.07	0.812	2.984	0.052
	理科类	170	3.18	0.901		
	音体美劳类	62	3.35	0.873		
参与机制	文科类	248	3.21	1.006	1.616	0.200
	理科类	170	3.25	1.040		
	音体美劳类	62	3.47	1.014		

单因素方差分析结果显示，任教不同课程的教师在参与事务范围与程度、参与意愿、参与能力与效果、参与机制方面都不存在显著差异。

9. 是否为校务委员会 / 理事会 / 董事会成员

中小学教师参与学校治理的校务委员会成员差异如表 3-18 所示。

表 3-18　中小学教师参与学校治理的校务委员会成员差异

测量维度	Q9 校务委员会成员	N	均值	标准差	F 值	P 值
参与事务范围与程度	是	39	3.17	1.106	37.175***	0.000
	否	441	2.00	0.668		
参与意愿	是	39	3.84	0.915	0.229	0.632
	否	441	3.40	0.875		
参与能力与效果	是	39	3.74	0.845	0.077	0.782
	否	441	3.09	0.837		
参与机制	是	39	3.58	0.990	0.027	0.869
	否	441	3.23	1.019		

注：*** 表示 $P < 0.001$。

独立样本 T 检验结果显示，担任校务委员会成员的教师在参与事务范围与程度、参与能力与效果方面显著高于非校务委员会成员的教师。在参与意愿、参与机制方面则不存在显著差异。

10. 是否为教职工代表大会成员

中小学教师参与学校治理的教代会成员差异如表 3-19 所示。

表 3-19　中小学教师参与学校治理的教代会成员差异

测量维度	Q10 教代会成员	N	均值	标准差	F 值	P 值
参与事务范围与程度	是	94	2.64	1.025	50.529***	0.000
	否	386	1.96	0.642		
参与意愿	是	94	3.63	0.909	0.292	0.589
	否	386	3.39	0.874		
参与能力与效果	是	94	3.42	0.830	0.036	0.850
	否	386	3.08	0.850		
参与机制	是	94	3.41	1.033	0.009	0.924
	否	386	3.23	1.016		

注：*** 表示 $P < 0.001$。

独立样本 T 检验结果显示，担任教职工代表大会成员的教师在参与事务范围与程度方面显著高于非教职工代表大会成员的教师。在参与意愿、参与能力与效果、参与机制方面则不存在显著差异。

11. 学校地理位置

中小学教师参与学校治理的学校地理位置差异如表 3-20 所示。

表 3-20　中小学教师参与学校治理的学校地理位置差异

测量维度	Q11 学校地理位置	N	均值	标准差	F 值	P 值
参与事务范围与程度	直辖市与省会城市	144	2.30	0.802	12.196***	0.000
	一般城市	64	2.24	0.870		
	县城	219	1.86	0.606		
	乡镇	35	2.09	0.863		
	农村或教学点	18	2.76	1.079		
参与意愿	直辖市与省会城市	144	3.63	0.871	2.913*	0.021
	一般城市	64	3.34	1.037		
	县城	219	3.36	0.837		
	乡镇	35	3.24	0.841		
	农村或教学点	18	3.62	0.890		
参与能力与效果	直辖市与省会城市	144	3.41	0.839	6.787***	0.000
	一般城市	64	3.02	0.970		
	县城	219	2.98	0.810		
	乡镇	35	3.16	0.715		
	农村或教学点	18	3.46	0.823		
参与机制	直辖市与省会城市	144	3.65	1.000	9.624***	0.000
	一般城市	64	3.08	0.932		
	县城	219	3.15	0.995		
	乡镇	35	2.71	0.996		
	农村或教学点	18	3.22	0.911		

注：* 表示 $P < 0.05$，*** 表示 $P < 0.001$。

单因素方差分析结果显示，不同地理位置学校的教师在参与事务范围与程度、参与意愿、参与能力与效果、参与机制四个方面都存在显著差异。具体来说，在参与事务范围与程度方面，农村或教学点＞直辖市与省会城市＞一般城市＞乡镇＞县城；参与意愿方面，直辖市与省会城市＞农村或教学点＞县城＞一般城市＞乡镇；参与能力与效果方面，农村或教学点＞直辖市与省会城市＞乡镇＞一般城市＞县城；参与机制方面，直辖市与省会城市＞农村或教学点＞县城＞一般城市＞乡镇。总体而言，直辖市与省会城市的教师在四个维度都表现较好，农村或教学点的老师因为数量较少需要教学、行政"双肩挑"，表现也较好，一般城市、县城、乡镇的教师则差异不大。

12. 学校性质

中小学教师参与学校治理的学校性质差异如表3-21所示。

表3-21　中小学教师参与学校治理的学校性质差异

测量维度	Q12 学校性质	N	均值	标准差	F 值	P 值
参与事务范围与程度	公办学校	439	2.09	0.777	0.417	0.519
	民办学校	41	2.06	0.829		
参与意愿	公办学校	439	3.43	0.868	2.485	0.116
	民办学校	41	3.50	1.061		
参与能力与效果	公办学校	439	3.15	0.842	2.672	0.103
	民办学校	41	3.11	1.007		
参与机制	公办学校	439	3.26	1.015	0.222	0.638
	民办学校	41	3.25	1.092		

单因素方差分析结果显示，公办学校与民办学校的教师在参与事务范围与程度、参与意愿、参与能力与效果、参与机制方面都不存在显著差异。

（二）关系与回归分析

1. 变量关系研究

相关性分析如表 3-22 所示。

表 3-22　相关性分析

		A. 参与事务范围与程度（Mean）	B. 参与意愿（Mean）	C. 参与能力与效果（Mean）	D. 参与机制（Mean）
A. 参与事务范围与程度（Mean）	Pearson 相关性	1	0.347**	0.517**	0.490**
	显著性（双侧）		0.000	0.000	0.000
	N	480	480	480	480
B. 参与意愿（Mean）	Pearson 相关性	0.347**	1	0.665**	0.482**
	显著性（双侧）	0.000		0.000	0.000
	N	480	480	480	480
C. 参与能力与效果（Mean）	Pearson 相关性	0.517**	0.665**	1	0.613**
	显著性（双侧）	0.000	0.000		0.000
	N	480	480	480	480
D. 参与机制（Mean）	Pearson 相关性	0.490**	0.482**	0.613**	1
	显著性（双侧）	0.000	0.000	0.000	
	N	480	480	480	480

注：** 在 0.01 水平（双侧）上显著相关。

从表 3-22 中可以看出：教师的参与事务范围与程度（A）和教师的参与能力与效果（C）显著正相关。教师的参与意愿（B）和教师的参与能力与效果（C）显著正相关。教师的参与机制（D）和教师的参与能力与效果（C）显著正相关。

2. 中介效应分析

中介效应分析是检验某一变量是否成为中介变量，发挥何种程度中介作用的重要步骤。中介效应实质上就是线性回归分析。中介效应分析方法主要有三种：①逐步检验回归系数法；②系数乘积检验法（Sobel 检验；Bootstrap 检验）；③系数差异检验法。

本研究采用传统的第一种方法——逐步检验回归系数法。逐步检验回归系数的方法分为三步（Baron & Kenny，1986；Judd & Kenny，1981；温忠麟等，2004）：

$$Y = cX + e_1 \qquad\qquad （3-1）$$

$$M = aX + e_2 \qquad\qquad （3-2）$$

$$Y = c'X + bM + e_3 \qquad\qquad （3-3）$$

第一步：检验方程（3-1）的系数 c，也就是自变量 X 对因变量 Y 的总效应。

第二步：检验方程（3-2）的系数 a，也就是自变量 X 和中介变量 M 的关系。

第三步：控制中介变量 M 后，检验方程（3-3）的系数 c' 和系数 b。

判定依据：

系数 c 显著，即 $H_0 : c$ 被拒绝。

系数 a 显著，即 $H_0 : a$ 被拒绝，且系数 b 显著，即 $H_0 : b$ 被拒绝。

同时满足以上两个条件，则中介效应显著。

如果在满足以上两个条件的同时，在方程（3-3）中，系数 c' 不显著，则称为完全中介。

Q13-Q16-Q15 的回归分析如表 3-23 所示。

表 3-23 Q13-Q16-Q15 的回归分析

模型		平方和	df	均方	F	Sig.
1	回归	93.670	1	93.670	173.961	0.000***
	残差	257.381	478	0.538		
	总计	351.051	479			
2	回归	153.569	2	76.784	185.465	0.000***
	残差	197.483	477	0.414		
	总计	351.052	479			
a. 因变量：Q15 均值						
b. 预测变量：（常量），Q13 均值。						
c. 预测变量：（常量），Q13 均值，Q16 均值。						

注：*** 表示 $P < 0.001$。

表 3-23 回归分析结果显示：教师参与学校治理的范围与程度通过教师参与学校治理的机制，对于教师参与学校治理的能力与效果，发挥显著作用。

Q14-Q16-Q15 的回归分析如表 3-24 所示。

表 3-24　Q14-Q16-Q15 回归分析

Anova[a]						
模型		平方和	df	均方	F	Sig.
1	回归	155.078	1	155.078	378.253	0.000***
	残差	195.973	478	0.410		
	总计	351.051	479			
2	回归	194.281	2	97.141	295.567	0.000***
	残差	156.770	477	0.329		
	总计	351.051	479			
a. 因变量：Q15 均值						
b. 预测变量：（常量），Q14 均值。						
c. 预测变量：（常量），Q14 均值，Q16 均值。						

注：*** 表示 $P < 0.001$。

表 3-24 回归分析结果显示：教师参与学校治理的意愿通过教师参与学校治理的机制，对于教师参与学校治理的能力与效果，发挥显著作用。

因此，教师参与学校治理的机制是重要的中介变量。第二章中的研究假设 H_4 得到验证。

（三）影响因素分类

根据斯托克的"参与式治理"C.L.E.A.R 分析模型，影响公民参与的因素有：能够做、自愿做、使能够做、被要求做、作为回应去做。也就是说能力、意愿、途径、赋权 / 动员、反馈等因素会影响公民在公共治理中的参与。不过该模型基于西方社会结构和政府管理模式提出，中国政府管理模式下的政校关系与西方有较大不同，中国社会结构下的家校关系也有自身特色，这些都深刻影响着中国教师在学校治理中的参与。

关于中小学教师参与学校治理有效性的影响因素，通过对受访学校进行调查问卷分析及访谈结果分析，笔者把教师参与治理的影响因素大致归约为以下三个方面。

1. 教师的个体因素

从方差分析和回归分析的结果来看，教师的性别、教龄、职称、政治面貌、参与能力、参与意愿等个体因素对于中小学教师参与学校治理的有效性会产生影响。

教师是专业技能人才，关心的更多是自身所任教学科的专业性，而且教师长期从事的是相对比较单一的教学工作，鲜少参加学校的管理，如果没有经过专业的培训，教师的管理水平通常难以提高。当然，也还是有许多教师并不是不具备相应的管理能力，只是在认识方面还存在着对管理能力内涵认识不清的情况，认为管理指的是狭隘的行政管理，并且会产生"不在其位，不谋其政"的心理，觉得不必多此一举。由此，教师连参与管理都不曾有，个人参与管理的能力也就无从谈起，或者说不知道参与哪些方面的管理，也就不知道自己是否具有相应的管理能力，而且认为"学校管理，人人参与""既已有人参与，我就可以安心工作"。此外，部分教师参与管理只关心与自身利益紧密相关的事情，眼光相对狭隘，认识相对肤浅，从而影响到自身参与管理的工作。所以当前学校管理中还存在诸多问题，就学校管理而言，完善学校内部的决策机制和民主程序，切实做到重大问题集中决策，依法按程序决策，防止"一把手"的独断专行，依然是非常迫切的艰巨任务。学校管理中个别领导专断依然是需要解决的重要问题。学校管理的科学化、民主化、法治化水平都亟待提高，多元主体的参与虽不能彻底解决学校管理中的弊病，但也能使学校管理局面得到改善。学校管理者们应该充分信任教师，培养教师管理能力，给予教师管理权限，为他们提供更多的管理机会，并激励调动教师的管理积极性，这样才有可能促成一个民主平等，多元参与的管理局面，多元主体的参与本身也有助于促进决策的理性化与科学化。

2.学校的组织因素

从方差分析和回归分析的结果来看，学校的地理位置，教师是否有行政职务，是否为教职工代表大会成员，是否为校务委员会/理事会/董事会成员等学校组织因素，对于中小学教师参与学校治理的有效性会产生显著影响。

根据《中华人民共和国教师法》中对教师身份的相关规定，教师和学校之间的关系应该是一种管理和被管理的关系，这一规定在某种程度上限制了教师参与治理权的实现。教师对学校治理到底有多大的参与权，以及相关权利受到侵害该如何应对等方面都缺少具体可操作性的规定。

因此，教师觉得国家、社会、学校对于教师参与管理的相应法律法规还不够完善，或者即使是有也只流于形式，并没有真正落到实处，起到保障教师权益的作用。学校民主制度不够完善，很多决策还是由校长核心集团单向传递，虽然必要的信息和畅通的信息渠道是教师参与管理的途径，但教师们的实际参与却无法落实。学校的教职工代表大会、教师工会等形同虚设，如教师代表大会代表的推选工作只是例行公事，"代表性"并不强，且教代会休会期间也并没有设立常设机构参与平时的议事、决策、监督等；对于民主议事的事项本应该进行舆情收集，应将议事制度化、常态化并确保公众拥有知情权，可这些方面也被简化省略了；利用大数据时代的优势和互联网的便利本可以拓宽公众参与的途径，既能确保民主决策的知情权、参与权，又可以利于民主决策的便捷化、高效能，但这些方面也没有得到利用、推广；利用网络平台还可以避免产生当面交流征求意见的尴尬现象，减少由此导致民主决策易受误导不能体现广大教师真实意图的情况出现，可以有效保证民主决策的科学化、民主化，但网络平台的信息单向传递而缺乏互动交流。教师无效参与民主决策，丧失了话语权和表达权，甚至很多时候在发放评价表、意见表时，教师们连看都不愿意细看就胡乱打上几个勾，对自己的权利马虎对待。即使自己的权利受到侵害也感觉维权无门、维权无力。从目前的实际运行的状况上看，教师参与管理还存在着法律法规上诸多的影响因素，法律法规不够完善，具体可操作性也不够强。

3. 学校制度的因素

从方差分析和回归分析的结果来看，管理者的反馈制度、信息公开制度、监督申诉制度、教师参与保障与鼓励制度等学校制度因素，对于中小学教师参与学校治理的有效性会产生显著影响。

一个学校组织的大部分职权往往掌握在校长等少数高层管理者手中，管理模式多是自上而下的强压式推行，其他人员只不过是命令的服从者和执行者，缺少反映意见和提出建议的互动渠道，长此以往使得学校管理僵化、学校组织丧失活力，弊病频现。确立学校共同愿景，助推师生成长，是学校文化管理的工作核心。增强校长底气，是推进学校文化管理的前提与关键。

第四章　中小学教师参与学校
治理的典型案例研究

在现代学校制度建设过程中，教师参与学校治理都是重中之重。为此，国家和地方陆续颁布了一系列政策，在学校管理变革方面做了很多探索工作，现代学校治理的结构越来越清晰，现代学校治理逐渐向更加具体的层面推进，各地也涌现出了教师参与学校治理方面的优秀案例。本研究特选取北京市和湖北省5所有代表性的学校进行具体剖析，以供全国同类学校参考和借鉴。

一、案例研究过程

（一）案例选择与资料收集

研究者根据自己在博士后期间参与课题"海淀区'十三五'时期基础教育百人名师梯队培育项目"的体验，对于北京市十一学校和北京市海淀区中关村第三小学的现代学校制度和教师参与治理模式进行了重点关注，同时对于媒体聚焦的北京市丰台区方庄教育集群和北京市怀柔区九渡河小学具有好奇心。另外，研究者还选择了在中国基础教育发展史上具有里程碑意义的湖北黄冈中学作为另一典型案例。研究者重点关注了近些年这些学校在现代学校治理，尤其是教师参与方面的新变化与新做法。

（二）"关键人"访谈

访谈，就是研究性交谈，是以口头形式，根据被询问者的答复搜集客观的、不带偏见的事实材料，以准确地说明样本所代表的总体的一种方式。

本研究采用半开放性访谈，研究者在进入访谈前备有结构化的访谈提纲（见附录2），接着根据具体情况对访谈的内容和程序进行灵活调整。根据案例设计，研究者对三所学校的教师和副校长各2人进行访谈。通过访谈，研究者可摸清教师对参与学校治理的看法，教师参与治理的现状、参与意愿、参与治理的组织和机制等，能够弥补问卷调查研究的不足，提供真实而生动的原生态材料，对研究观点进行佐证和修订。（表4-1）

表4-1　访谈对象特征

编码	学校	性别	年龄	职务
A	北京市十一学校	男	39	语文教师
B	北京市十一学校	女	50	副校长
C	北京市海淀区中关村第三小学	女	32	数学教师
D	北京市海淀区中关村第三小学	男	48	副校长
E	湖北省黄冈中学	男	36	物理教师
F	湖北省黄冈中学	男	45	副校长
G	北京市第十八中学	男	55	集团总校长
H	北京市第十八中学嘉泰学校	女	52	小学校长
I	北京市怀柔区九渡河小学	男	41	校长
J	北京市怀柔区九渡河小学	男	46	教学主任

（三）三角互证

三角互证法是质的研究中保证效度的方法。这种方法可用来检验不同的资料来源或不同的资料收集方法。有学者认为，三角互证法的特点是在研究同一经验性单位时，采用两种或两种以上的研究策略。它主要比较不同来源的信息，以确定它们是否相互证实，从而评价资料的真实性。

三角互证法的基本原则是从多个角度或立场收集有关情况，并对它们进行比较。这种方法最早运用于军事和航海领域。查尔斯·威廉·埃利奥特率先将之引用到教育研究领域，他要求行动研究者不仅要用不同的技术去研究同一问题，而且应该从不同的角度，让不同的人去分析评价同一现象、问题或方案，他们观点之间的一致性和差异对行动研究的结果都极为重要。在这种评估方法中，通过比较从各种不同立场获得的资料，三角互证法中的每一方都可以获得更加充足的资料来测试和修正自己的观点。查尔斯·威廉·埃利奥特指出，"三角互证法是一种对课堂责任的民主的、专业的自我评估的方法"。通过三角互证法，教师可以比较自己、学生和观察者有关教学行为的观点。在比较所获资料时，资料提供者应对自己提供的资料进行认真的检验，也可就资料的不一致之处主持由持各种不同观点的团体参加的讨论，这种讨论应由"中立者"主持。

本研究的"三角"包括制度文本、中小学校长（或副校长）和对应的中小学教师三方，以此对案例学校的教师参与治理制度、组织和行为进行核实和验证，最终形成可靠的案例分析资料。

二、典型案例分析

（一）北京市十一学校：让每一位教师都成为领导者

自 2008 年该校实施"高中创新育人模式变革"以来，学校在课程体系、组织结构、管理模式等方面进行了深度变革。2010 年，北京市十一学校启动以选课走班为特征的育人模式改革，到 2014 年，全校所有年级完成一轮的探索，以学生发展为中心的价值观在学校已较为牢固地扎根，新的学校组织结构正发挥良好效应。学校取消了行政班，实施咨询师制和教育顾问制，建立了新型治理体系，形成了民主平等的师生关系，实现了全员育人，全程育人。至今，北京市十一学校已经完成三次变革迭代。从实现学校转型到完成育人模式探索，再到近几年实施"从教学走向学习"的教育实践，北京市十一学校始终瞄准国家教育战略，不断涉入教育改革深水区，边实践边推广，不断优化学校治理体系，重塑学校文化与价值观，进行育人模式的创新和学校转型，焕发出了新的生机。[①]

1. 建立扁平化行政组织

我国学校内部的组织结构形式脱胎于科层制行政管理体系，整个学校系统中有不同水平的决策层。科层制组织管理模式在学校组织中的应

①　李希贵.学校转型：北京十一学校创新育人模式的探索 [M].北京：教育科学出版社，2014.

用日益暴露出三大弊端：学校政府化、组织官僚化、管理经验化。十一学校《行动纲要》提出，"学校将尽可能压缩学校组织结构层级，减少无效劳动，让师生的需求以最快的速度得以反映；学校将通过调整组织结构，使各层级的管理跨度处于一个合理的范围"。学校实施扁平化管理模式，副校级的干部都要兼任一个年级或部门的主管，而不是分管。这样，教师、学生的事可以直接进入决策层面，而且与科层制的金字塔式的组织结构相比，这种结构的管理层级明显减少。（图4-1）

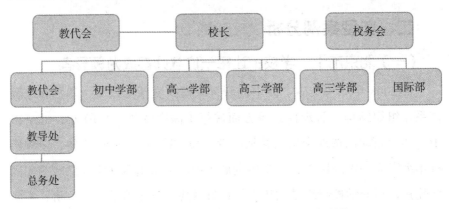

图4-1 北京市十一学校的扁平化行政组织结构

北京市十一学校原校长李希贵在《学校如何运转》中建议，学校应该建立一个包含"六大治理主体"的战略高层，即学校党组织、教职工代表大会、校务委员会、学术委员会、家长代表大会和学生代表大会（民办学校还应有董事会）。各主体不但要有明确的责任权力，而且相互之间要有制衡与协作。[①]

2. 实施"分布式领导"

面对选课走班的挑战，学校的管理制度需要重建。面对处于流动和自主选择中的学生，学校的管理工作量陡然上升，仅仅靠年级主任一个人的力量已经无法做到位，需要有人分担管理的职责。本着从"管理"到"领导"的理念，北京市十一学校采用了"分布式领导"。"分布式

① 李希贵.学校如何运转[M].北京：教育科学出版社，2019.

领导"的岗位都是根据需要灵活设立的。

目前高中学部设置的"分布式领导"岗位主要有：学生管理学院、自习管理主管、课程管理主管、诊断与评价主管、咨询师、教育顾问（负责特殊行为问题）、小学段与研究性学习主管、导师等。（图4-2）

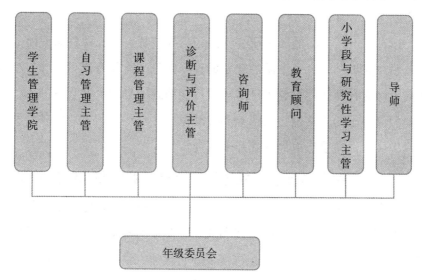

图4-2　北京市十一学校高中学部分布式领导岗位设置

3. 让每一位老师都成为领导者

每个人都有追求成功的动力，都愿意在自己喜爱、擅长或关注的方面有所成就，或者在自己所负责的领域有所作为。学校相信，只要给予机会，每位教师都能在特定领域、特定时段成为领导者。

比如，传统的实验室管理机制中，实验管理人员的岗位设置是为了更好地为师生服务，但在实际运行中，因为使用资源的人与管理资源的人分离而出现很多问题，学科教师常常因为不断"麻烦"实验管理人员而"于心不安"，实验管理人员也会因为实验的功效、教学的质量与自己关系不大而缺乏主动为实验服务的积极性和责任心。针对这种情况，北京市十一学校把原来的实验室改造成学科教室，现在的学科教室既是做实验的地方，又是上课的地方，每位教师负责教室里面所有的仪器、设备、药品、教具、挂图、图书的购置和摆放，成为建设和管理自己学科教室的领导者。再比如，为了引导学生思考和规划自己的未来，走进社会，了解目前社会上的各种职业，学校设置了职业考察课程。每一门职业考察课程由一位教师负责。学校通过双向选择，由爱好某个行业且拥有一定资源的教师担任相关课程的职业考察顾问。同一个行业每个年度组织 4 次考察活动。

还有，不同类型的学生研究性课题指导教师、学校课程研究院的学科兼职研究员、教育家书院的兼职助理等岗位，需要专家型教师进行引领或者优秀教师运用智慧来破解随时可能遇到的难题，并且有的工作需要他们以自己的人格魅力去影响和带动他人。这些岗位需要由各学科学术拔尖又有很高思想境界的教师来负责。

（二）北京市海淀区中关村第三小学：教师参与的矩阵管理

北京市海淀区中关村第三小学，始建于 1981 年，地处中关村科技园区的核心地带，这里是高科技和人才资源最为密集的区域。学校的发展最终要落实到人的发展上，包括领导、教师、学生的共同发展，而在矩阵管理结构下的日常学校事务中，学校通常会加强对人的关注。

为确保战略目标和价值追求的实现，学校主要由 5 个职能部门、4 个校中校、3 个级部以及 3 个创意中心共同承担学校的行政管理和发展建设工作。而学校的校务委员会在学校党委、工会、教代会的领导和监督下，对学校的重大事项进行决策。因此，在矩阵治理格局之下，学校形成了六大治理主体，即以校长为核心的行政团队、课程发展委员会、少先队大队委员会、家校共同发展委员会、党组织、教代会。（表 4-2）①

---

① 刘可钦.大家三小：一所学校的变革与超越 [M].北京：中国人民大学出版社，2018.

表4-2 北京市海淀区中关村第三小学学校治理的六大主体

把握方向、策划、组织落实	组织实施	监督、促进
以校长为核心的行政团队	课程发展委员会、少先队大队委员会、家校共同发展委员会	党组织、教代会

不同的治理主体在学校的发展过程中发挥着不同的职能。以校长为核心的行政团队是学校建设和发展的指挥棒；课程发展委员会、少先队大队委员会和家校共同发展委员会是分别代表生态大课程体系下教师、学生和家长三方的三大治理主体；党组织和教代会在学校的建设和发展中起到了监督和促进作用。

1. 以校长为核心的行政团队

以校长为核心的行政团队全面主持学校工作，把握社会主义办学方向，坚持立德树人，遵循儿童成长特点和教学规律，科学规划学校发展远景和不同阶段的目标，制定可行的实施路径，协调资源，培养优秀的干部和教师团队，通过建立分工明确、有效互动、民主、科学、高效的决策指挥实施体系，服务于师生的教与学，促成真正以学生发展为核心、服务于教师及学校教育共同体其他成员的安全、科学、专业、绿色、可持续发展的学校生态环境，进而促成学校发展的特色和品牌。

2. 课程发展委员会

作为学校的学术单位，课程发展委员会与课程部的职责有一定程度的交叉，如负责对教学工作的前沿领域进行理论研究和实践探索；参与决策并开发符合学生多样发展需求，分层次、分阶段的综合性课程；探索不同发展阶段的、多年级儿童共同学习的机会，构建不仅基于班级，而且基于组群的学习发展共同体；推动课堂教学的主题研究及学科教学间的融合；建立健全课程资源，为学生提供书本和课堂之外更多样的学习机会和资源，促成适于儿童发展的课程体系。课程发展委员会也有其特殊的使命，如收集教师教育教学过程中产生的反馈信息，推动全校教育理念、方法、体系的深化；建立教师创新激励体系，鼓励教师特别是青年教师进行教学创新。课程发展委员会对学校的教学发展起引领作用。

3. 家校共同发展委员会

家校共同发展委员会承担引导、促进家庭和学校每一分子共同发展的责任，强调的是与学生的共同发展。家校共同发展委员会会定期听取学校教学、管理等方面的工作介绍，同时收集、分析、归纳并及时反馈家长的意见、建议和要求，发挥对学校工作的检查、督促和协调作用，促进学校教学、管理质量的提升。家校共同发展委员会通过组织老师进社区、"家长开放日"等活动，能够让家长更加了解、认同并支持学校工作。开展"家长开放日"活动的目的不是让家长监督老师，而是让家长看到学生的情况，看到师生的努力，从而尽可能地为教师的教育教学工作提供支持，让教师全身心投入班级，投入与学生的相处中。实际当中，学校最大的资源就是教师对学生的关注。

4. 党组织

学校的基层党组织在办学方向上承担着"为谁培养人，培养什么样的人"的定位和把关作用，在学校发展上发挥着政治核心和战斗堡垒的作用，发挥着凝聚广大教职员工共识共力的思想引领作用。

5. 教代会

教代会是教职工队伍民主参与学校管理、制度和文化建设的重要途径，是教职工当家做主的体现。学校进行重大事务决策前，都会广泛听取教职工的意见和建议、声音和诉求，发挥全体教职工的民主管理和监督作用。教代会听取学校管理层关于学校发展规划、教职工队伍建设、教育教学改革、校园建设以及其他重大改革和重大问题的报告，并深度参与提出意见和建议工作，将基层教职工的集体智慧融入学校的发展大计。

教代会与管理层共同决策，问诊学校的疑难杂症，推动学校的发展；讨论通过学校提出的与教职工利益直接相关的福利、分配方案以及相应的教职工聘任、考核、奖惩办法，为教职工的切身利益代言；监督学校各项规章制度和决策的落实，对学校领导干部和相关工作报告进行民主评议，促进学校管理水平不断提高。

例如，在每年的教代会上，我们都会围绕学校发展的大事小情展开讨论，引导广大教职工确立更高的追求和更开阔的视野与思路。在2016年暑期的教代会上，我们在之前"学校将成为什么样子"的讨论基础上，开始转向讨论"学校能发展成什么样子"。因为我们知道，前者意味着我们要对发展趋势进行分析、研究、预测、推断，而在过去的五年中，我们已经用行动给出了证明。至于后者，要想将预期目标真正落实下来，就不能停下脚步，我们更需要行动力、直觉、创造力、使命感，最重要的是要有远见卓识，推动学校变革走向深入，进而从"可能"境界进入"必然"境界。因此，教代会设立了"金点子奖"，鼓励教师创新。在这个过程中，教师关心的重点也从"请假代课制度"的个人具体事务上升到"学校核心课程的建设"和打造"大家三小品牌"的共同管理上来。

矩阵管理让每位教师都处于不同角色的交汇点上，他可能既是一位语文老师，又是级部或校中校的管理者，还是教学诊断项目组的负责人。角色多了，平台就多了，可以发挥的作用也就更加多维、多样。总之，在党委和校长的统一引领下，五大职能部门规划、设计、发展，级部、校中校协同合作，教师拥有了更多的权利，发出了更大的声音，在教学中教师和学生共同发展，反过来又促进管理层的完善。这种矩阵式管理创造了一种开放、互动、生态的环境，使人与人之间形成了互促、互学、沟通、流动的关系，大家为了实现同一愿景而合作共赢。

（三）丰台区方庄教育集群：基于教师学习的政策支持

方庄，曾是亚洲最大的社区，随着社区日渐成熟，聚集了丰富的社会资源，具有广泛的国际影响力，是近百个外国领导人参观考察的现代化住宅示范区。根据方庄人的动议，丰台区教委因势利导提出了集群化办学的思路。天时地利人和，方庄教育集群应运而生。方庄教育集群位于北京市丰台区，以北京市第十八中学为龙头，涵盖 27 所中小学、幼儿园、职业学校、校外机构及优质民办教育机构。

丰台区拟以方庄教育集群为重点，把方庄地区建设成为基础教育综合改革的试验特区，重点从以下三方面进行探索：一是探索教育从社会管理向社会治理转变的路径，促进政府职能的转变，促进教育与社会的紧密结合；二是探索建立教育资源配置的新机制，推动从集群成员之间资源共享向资源融通发展；三是探索建立特色衔接的集群育人模式，满足学生个性化教育的需求。

北京市第十八中学嘉泰学校位于北京市丰台区光彩路 67 号院。学校由市级示范性高中北京市第十八中学负责办学，是小学至高中十二年一贯制学校，已成为北京市优质民办学校，是"集团 + 集群"式办学的典范。2021 年 9 月，研究者邀请了北京市十八中学总校长 G 和嘉泰学校分校长 H 进行深度访谈，对方庄教育集群的治理模式，尤其是教师参与学校治理模式进行了总结。

1. 实施"六大行动计划"，探索"双会制"管理模式

第一，各尽其责"社会治理"行动计划。方庄教育集群的治理机构由教育集群成员大会，以及大会选举的方庄教育集群理事会、方庄教育集群监事会组成。集群理事会是方庄教育集群成员代表大会的执行机构。集群理事会、监事会负责对集群成员大会通过的项目进行日常管理和监督。

第二，特色衔接"教育模式"行动计划。进一步深化教学改革实验，完善提升学生十二年一贯制培养，形成一套新型的培养体育人才方案，探索"教体结合"人才培养机制。

第三，资源共享"智慧学习"行动计划。进一步完善集群数字化平台建设，加强内容建设，完善智慧学习客户端、管理系统，以先进的平台技术为基础，以学校网络和社区物联网为骨干，由智慧学校、智慧家庭、智慧居委会等组成一个大型学习社区。

第四，全面个性"课程体系"行动计划。通过制定核心价值体系教学指南、开发集群研修课程、完善区域生态德育课程体系、深化纵横融通的集群课程体系等，拓展集群课程的建设与实施。面向集群全体学生建立选修课程表，鼓励学生跨校、跨年级乃至跨学段选修课程。

第五，内涵发展"龙头提升"行动计划。继续开展大师名家进校园活动，集群访学式专题研究，集群名师成长工程。建立教育集群工作室，以名师为核心组建工作室学术委员会，为集群的教育以及教学改革与发展提供方案。

第六，持续发展"集群能力"行动计划。通过建设集群家长培训中心、完善集群测评中心，进一步完善集群校长、班主任论坛，加强集群意识培养，整体提升教育集群化发展潜力。

2. 基于教师学习的政策支持

重视学生的学习就必须关注教师的学习。如何通过"良策"达到"善治"，让教师成为终身学习的主体，具备终身学习的动力和能力？方庄教育集群提供了基于教师学习的强大政策支持，为教师的专业发展、素养提升搭建了多元化的发展平台，成就了多名骨干教师。

第一，以教师为主体，服务于教师自我概念的发展。教师作为成人，有着独立的自我概念，对自己的能力、态度、经验等具有清晰的认识，对于自己的学习目标有着准确的把握，具备自主规划学习内容、进度的能力，这是教师学习的自主性、建构性的体现。从"十二五"开始，丰台区就已经将五年360学时的学习规划权交给了教师，印制了学前、小学、中学三册五年培训课程指南，并指导教师合理、有序地选择课程。到了"十三五"时期，丰台区的教师已经普遍具备自主选课、规划学习的能力。

在此基础上，为了指导教师在日常工作中建立积极主动的自我概念，特别是影响教师认知和行为的正向自我效能感，我们将教育科研成果纳入了学分认定的范围，将教师读书自学纳入学分认定体系，鼓励教师将阅读当作日常的学习方式，以开阔视野、丰富情感、滋养心灵，更好地从事教育教学工作。

第二，依托真实场域，构建基于真实问题解决的学习共同体。教师学习的动机来自于实际工作中面临的问题和困惑，来自于自我概念发展和个体经验带来的自我效能感和价值感。教师学习的方式也从以往的个体学习向着构建学习共同体的方向转变，这是教师学习社会性、日常性的体现。因此，我们在学分认定的框架设计上，就增大了校本研修的权重，由原来的 10 学分增加到 14 ～ 16 学分。校本研修立足于学校办学和教师教育教学实践中真实问题的解决，通常包括校本培训、教研组活动、教育教学研讨活动等内容，而且学校年级组、教研组、备课组是日常化的学习共同体，加大学分比例有利于依托真实场域，解决实际问题，提高教师学习的针对性和实效性。

第三，发挥个体经验，构建情境化的学习交流场景。教师学习具有情境性的特征，首先，教师在其以往学习过程、社会生活、教学生涯中积累的丰富经验和相应的实践知识是宝贵资源，应该得到足够的重视。其次，情境学习研究者应重视为教师提供各种学习情境，探索学习者与情境间互动的复杂关系，研究发现有效的情境设计有利于学习目标的达成。最后，我们多年的培训经验也证明，课堂教学研讨是最受教师欢迎的培训形式，历久不衰，其原因也在于情境的真实性和教师个体经验传达的直接性。

在丰台区"十三五"学分认定细则中，我们将承担各类研讨课、参加各种课堂教学展示活动的教师与观摩研讨课、参加各级专业学术研讨活动的教师都纳入学分认定的范围，只是权重有差异，这样是为了鼓励教师愿意主动将个体经验当作资源共享出来，影响和带动其他教师，也是为了鼓励参加和观摩的教师受到现实情境的触动，反思自我，并主动向他人学习直接经验，不断改进自己的教学。

第四，尊重现实需求，以更加开放的态度给教师学习提供支持。随着国家课程改革的不断推进，中国学生发展核心素养框架与普通高中课程方案和学科课程标准陆续发布，综合实践活动课程、项目学习、STEAM 课程等实践类课程得到广泛关注，同时人工智能课程逐步进入中小学课程体系，国家要求在义务教育阶段落实"体育、艺术 2+1 项目"……

为了解决面临的实际问题，我们的策略是一方面内部挖潜，组织教研员跨学科、跨学段协同开发课程，如初中历史、地理、政治、生物四个学科建立协作机制，共同利用北京周边的自然资源，开发跨学科实践性培训课程，先后前往鹫峰国家森林公园、上方山国家森林公园、门头沟灵山、怀柔九渡河等校外实践基地，设计不同的观察点和任务，并通过培训极大地提高教师跨学科综合实践活动的设计和指导能力。另一方面，积极引入资源，通过与第三方机构合作，开发项目学习、STEAM 课程、"非遗"进校园等培训项目，弥补基础教育原有资源的不足。

第五，注重持续连贯，以"研修创享"促进知行合一。教师学习的目标是实现自我概念和个体经验积极持续的变化，以教师的变化来带动学生的变化。嬗变学习理论由麦兹罗提出，他认为成人遭遇"迷惘困境"并通过三个过程来发生嬗变，即批判式反思、与处于同样困境的人交流新认识、采取行动。教师学习的目标应该是实现"嬗变"，不是指一般的知识积累和技能增加，而是指教师的思想意识、角色、气质等多方面的实质性变化。

在"十二五"时期就形成的"研训赛评"四位一体的教师培训特色，在"十三五"时期，进一步升级为"研修创享"的教师发展策略，即通过教学研究形成成果，将研究成果转化为培训课程，课程培训完成后，要搭建平台让教师创造、分享学习成果，与此同时也将培训课程转化为教学行为和实际成果，让老师们实实在在做到理念的转化和行为的跟进，感受到教学行为的变化和课程成果的生成，以及给学生成长发展带来的实际效果。

（四）北京市怀柔区九渡河小学：直管治理架构与社区共同治理

九渡河小学地处北京市怀柔区西南部九渡河镇境内，全镇面积 180 多平方千米，下设 19 个行政村，人口两万多人。学校始建于 1992 年，目前服务于九渡河镇 6 个行政村和驻镇企事业单位的所有适龄儿童。学校占地面积 12 000 多平方米，建筑面积 2 900 多平方米，学校现有教师 24 人，教学班 6 个。2020 年 1 月，与北京市十一学校实施一体化办学，正式更名为"北京十一学校九渡河小学"。北京市十一学校的教育理念是：围绕学生成长，立德树人，让学习真实发生，培养学生终身学习的能力。北京十一学校九渡河小学秉承总校办学理念，为建设一所具有"农"味、富有"乡"气、拥有"学"劲、真有"做"派的农村现代学校，培养一批具有乡土情怀、中国根脉、世界眼光的现代农村少年而努力奋斗。

九渡河小学原是一所山村小学，学校条件有限，教育资源不足。通过"嫁接"十一学校的实践成果和办学理念，学校重构了灵活多变的学习空间，进行了班组群改革，开发了一系列具有乡土特色的校本课程，建立了扁平化的治理架构，多元利益相关者共同参与学校治理，不断优化学校治理体系。在不改变原有师资的情况下，系统地进行组织变革，重塑学校文化与价值观，实现了管理模式的创新和学校治理方式的转型。另外，其在教师参与学校治理方面也独具特色。

1. 建立扁平化的直管治理架构，对一线教师的需求快速响应

基于九渡河小学师生数量较少的现状，通过"嫁接"十一学校的实践成果和治理理念，学校对治理架构进行了调整和精简。对于一线教师的需求能够快速响应，同时服务部门要做好防火墙。

从组织机构图（图 4-3）来看，学校的治理层次仅分为三层，主要采用直管模式。全校教职工代表大会是权力产生机构，以校长为核心的校务会是学校的中枢，党支部作为政治领导发挥监督作用。执行校长下属校务处、学部、课程中心和教导处：校务处直管后勤、安全、信息中

心、食堂资产，统筹财务中心；课程中心与教师发展中心合署办公；教导处直管公共学科，统筹媒体中心和学生成长中心。

关于一线教师与校长之间是否有直接沟通机制的问题，被访者 J 说："这个倒没有直接制定出来的制度或机制，就是大家有什么事儿可以直接跟校长谈，但是要说分布式的特点，就是教师、主任到校长，在主任这一层呢，它是有财权和人事权的，所以教师的需求基本上在主任这一层就能够得到回应了。"总之，这种扁平化的直管治理架构有助于对一线教师的需求进行快速响应。

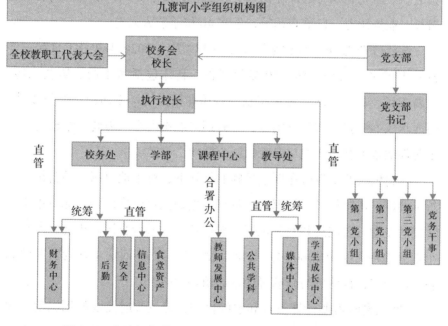

图 4-3　九渡河小学组织机构图（资料来源：被访者校长 I）

2. 吸引社会手艺人担任兼职教师，拓展与社区的共同治理

2020 年初，海淀区与怀柔区签署共建协议，北京市十一学校与九渡河小学实现一体化办学。当时从北京市十一学校前往九渡河小学担任执行校长的于海龙，一来就遇到了一个不大不小的难题：想给孩子们开设丰富多彩的课程，但山村里没那么多现成的兼职老师。但是，这可难

不倒从农村出来的于海龙。在北京市十一学校课程理念影响下，也基于山村教师原班人马进行了课程与教学变革，因地制宜，促成了丰富多彩的山村学校特色课程，使课程成果成为山村生态链的重要环节。[①]

"寻找心灵手巧的能工巧匠，只要您在农业劳动、生产劳动方面有一技之长即可加入我们……"2020年6月，九渡河小学周边六个村的村口破天荒贴出了一份招聘"乡村教育合伙人"的海报，这份海报还被孩子们拿给了家长，而具体要求的手艺包括木匠、厨师、做灯笼、剪纸、养鱼、养蜂等。让学校意想不到的是，陆陆续续竟有80多位村民报名。于海龙和几位老师在门口支起桌子，挨个面试，了解他们的从业时长、业务能力、口语表达等，最终40位手艺人入选。

学校改造部分房屋建起了工坊课程教室。2020年9月1日起，学校一下子多了六个工坊、20多门课程，具体包括木工坊、厨艺工坊、豆腐工坊、非遗工坊、创美工坊、种植养殖工坊。工坊课不光学手艺，还要学成本核算、宣传营销等，会做还得能卖出去。为此，学校为每个工坊都配备了有创业成功经验的创业导师。

豆腐工坊的学生就在创业导师的指导下，对本地豆腐的销售情况进行了调研，还制作了营销海报。最终，他们把豆腐推广到了北京市十一学校的食堂，还就近和北京汇贤府餐厅签订了采购合同。现在，九渡河小学食堂每天能卖出60多斤浆水豆腐。学生们还面向本地的农家院和餐厅做推广，目前已与新利餐厅达成销售意向。

"磨豆腐时需要计算黄豆和水的比例，煮豆浆时需要控制温度。国家课程标准规定三、四年级科学课要引导学生了解重量单位的换算关系，学会使用仪器测量质量、体积和温度等，而学生们一边做豆腐一边就掌握了。"于海龙介绍，工坊课看似是一门普通的劳动课，实际上却是老师们精心设计的、任务驱动下的多学科融合课程。一学期过去了，九渡河小学开设了6个工坊、20多门手工课，杨门浆水豆腐制作技术

---

① 董玛瑛. 带学生磨豆腐的校长[J]. 课堂内外（高中版），2021（11）：54.

非遗传人杨坤全在豆腐工坊教做豆腐、北京老韩匠传承人韩建鹏在木工坊当木工老师、剪纸师傅屈广英教剪纸……孩子们植根农村厚土，在培养综合素质的同时，加深了对家乡的了解和热爱。而学校吸引社会手艺人担任兼职教师，加强了与社区的合作与共同治理，促进了学校的发展变革与转型。

（五）湖北省黄冈中学：以制度保障教师参与治理权

自 20 世纪 80 年代以来，黄冈中学因其极高的升学率，在教育界拥有较高的知名度，被人们奉上神坛，但后来逐渐淡出大众视野，辉煌不再。进入 21 世纪后，黄冈中学更是遭遇前所未有的困境，进入了转型的低谷，甚至陷入舆论漩涡。然而，近年来，越来越多的教育者再次将目光聚焦这所曾经的"神校"，并发出"黄冈中学又变好了"的感叹。从"唱衰"到"叫好"，很多人看到的只是黄冈中学直线回升的高考成绩。殊不知，飙升的数字之外，黄冈中学已通过五年的"二次创业"，实现了更深层次的蜕变。

2019 年，党的十九届四中全会通过了《中共中央关于坚持和完善中国特色社会主义制度、推进国家治理体系和治理能力现代化若干重大问题的决定》。自此，学校认识到，推进学校治理体系和治理能力现代化的关键在于建立规范化、现代化的学校制度。因此，2019 年学校开始进行规范化制度建设探索：10 月推出《黄冈中学海军航空实验班管理办法》，12 月推出《黄冈中学关于进一步加强与改进美育工作的意见》和《黄冈中学关于进一步加强与改进体育工作的意见》，拉开了规范化制度建设的序幕。在 2019 年探索出的 3 个制度的基础上，学校党委决定用 2～3 年时间形成学校治理现代化制度体系。2020 年 2 月以来，学校全体干部和部分教职工克服困难，利用疫情中的时间，集中精力，加快推进学校制度建设——各项制度起草组的同志起草征求意见稿，广泛征求意见后形成草案，经过 10 次党委会，审议通过了 32 个规范性文件。到目前为止，连同 2019 年通过的 3 个文件，已形成 35 个规范性文件，形成了一整套的《黄冈中学学校治理现代化制度汇编》，完成了学校治理现代化制度建设的主要任务。[①] 尤其在教师参与学校治理方面，主要有以下措施。

1. 推进教师治校改革，实行分布式领导

实行分布式领导、推行扁平化管理。施行校长负责制、年级责任制、主管落实制度。（年级委员会）成立教学工作领导小组、德育工作领导小组、教职工文体生活委员会、教师食堂管理委员会等机构，让执行者成为决策者，提高决策的实效性和针对性。

厘清年级内部治理事务，列出任务清单，增设部分分布式领导岗位，让更多的老师参与到年级的治理中去，做到事事有人管，时时有人管，让每个人任务更明确，工作更落实，成效更明显。

黄冈中学年级分布式领导实施办法

为进一步提高我校年级内部治理质效，落实"事事有人理，时时有人管"的管理理念，实施重心下移的分布式领导模式，特制定本办法。

一、年级委员会

年级委员会是年级的决策机构，由蹲点校长、年级主任和分布式领导（包括教务教研工作主管、学生工作主管、党务工作主管、诊断与评价主管、宣传工作主管、自习和午晚睡主管）组成，主要职责包括：

（1）贯彻执行学校党委决定，落实校长办公会布置的工作任务。

（2）根据学校发展战略，制定年级发展目标和工作目标。

（3）谋划本届三年的工作计划。做好长计划与短安排，精心策划、组织和实施一年、一学期、一个月、一个周的具体计划。

（4）从文化、思想、目标、行动上全面引领年级，从教学、德育过程中加强检查和监督，全面强化管理，从发现问题、沟通协调上寻求问题解决方法，从以老师和学生为本上提供优质的服务。

---

① 何兰田. 加强制度体系建设 推进学校治理现代化 [J]. 教育家，2021（6）：56-57.

分布式领导实行聘任制，每届任期为本届高一至高三。

二、蹲点校长

（1）指导年级主任全面做好年级的各项工作，做好传帮带工作，对年级工作负有与年级主任同等责任。

（2）参加年级委员会会议，指导年级各项具体工作。做好分布式领导和年级教师的思想工作。

（3）参加并指导年级主任开好年级大会、班主任会、备课组长会、学科分析会。

（4）经常巡视和观察年级，深入课堂、深入教师、深入学生，及时发现问题、研究问题、解决问题。

（5）加强对竞赛、强基计划和培尖工作的研究和安排。

（6）定期参加关键班级的班科联席会。

三、年级主任

（1）年级实行年级主任负责制，年级主任兼任党支部书记，全面主持年级工作，全面负责年级委员会的领导和管理。

（2）加强年级党支部建设，经常与班主任和其他教师沟通、交流，做好教师的思想政治工作，加强对青年教师的培养。

……

黄冈中学教学工作领导小组工作职责

教学是学校的中心工作，学校的一切工作必须服从和服务于教学这一中心。为了凝聚全校智慧，激发内部活力，形成集体合力，实现全校教学管理一盘棋，提高教学决策执行力，把握教改方向，提高教学质量，探索新形势下学校教学新思路，凸显办学特色，再创黄冈中学辉煌，学校特成立教学工作领导小组。

一、组织机构

组长：王实泉

组员：吴学安 童金元 刘海英 程洲平 罗凯 周向东 孙锋 张卫兵 张再良 熊全告 吴红卫 姜建华 熊银忠 张齐宇 吴善武 张科元 郭旭 秦鹏

二、教学工作领导小组职责

（1）教学工作领导小组是学校教学工作的决策机构，定期召开会议（每学期不少于2次）研究学校教学工作及有关安排，研究教学工作中暴露出的问题，提出解决问题的方案，决定全校教学的重大问题。

（2）根据上级教育行政部门的要求，制定学校教学工作宏观规划。要依据学校教学工作目标统筹协调，对各年级、各学科教学提出明确的要求和相应的检查措施，对各项主要教学工作作出整体科学安排，以作为各教研组和任课教师制定教学工作计划的依据。

黄冈中学德育领导小组工作职责

为进一步强化我校德育工作的统筹开展，建立更加科学合理、优质高效的德育工作队伍，形成分管校长负总责，政教处主任、团委书记、寝管主任、法制安全处主任、总务主任、年级主任、年级德育副主任具体负责，班主任为骨干，教职工全员参与的德育工作体系，学校特成立德育工作领导小组。

一、组织机构

组长：吴学安

组员：刘哲谷 童金元 刘海英 陈瑞安 彭泽祥 付军 李成记 罗赛 黄志鹏 陈剑 王惠

领导小组设办公室，办公室设在政教处，付军任此办公室主任。

二、德育领导小组职责

（1）领导小组明确各部门育人责任，组织协调各部门共同做好德育工作，形成教学、管理、服务全方位育人的良好局面。

（2）政教处、团委、寝管处、法制安全处、总务处等负责学校德育工作的贯彻和落实。

（3）督促执行黄冈中学德育方案所拟定的德育工作任务。

（4）学校德育工作领导小组应每月举行一次会议，必要时……

黄冈中学教职工文体活动实施方案

为进一步树立我校教职工"每天锻炼半小时，健康工作每一天，幸福生活一辈子"的锻炼意识，同时为了丰富教职工的文化生活，增进教职工的身心健康，营造积极健康向上的校园文化氛围，展示学校教职工崭新的精神风貌，经学校研究决定，特制定黄冈中学教职工文化活动实施方案。

一、教职工文体活动工作领导小组

组长：吴学安

组员：汪芳慧 陈瑞安 彭泽祥 付军 吴善武 秦鹏 罗赛 黄志鹏 白永明 华珊 李炎 汪秀兵 邓向阳 袁全军 黄国华 周春风 唐兴中 李成记

教职工文体活动下设办公室，设在工会办公室，工会副主席汪芳慧同志任办公室主任，负责教职工文体活动日常工作，工会女工委员华珊和文体委员李炎协助汪芳慧同志工作，负责组织、协调、开展教工的文体活动。

二、活动目的

缓解工作压力，愉悦身心健康，增强集体凝聚力。

三、活动主题

强身健体营造温馨团队，心手相牵构建和谐校园。

四、常规活动

为了增进教职工身心健康，丰富教职工校园文化生活，经学校研究，建立教职工文体活动常规制度，包括以下内容：……

2. 推进教师评价和分配机制改革

（1）优化评价机制。出台了《黄冈中学班级和学科考核评价办法》《黄冈中学岗位设置评价方案》《黄冈中学职称评审量化评分方案》，构建了教学业绩评价体系，完成了从定性评价到量化考核的转变。业绩考核的结果可作为职称晋升、评先评优以及岗位聘用的主要依据。

（2）调整奖励及分配机制。出台了《新课时津贴方案》，调整绩效工资结构，减少绩效工资体系中平均分配的因素，将分配尽可能地与工作量挂钩，并向主要和关键岗位适当倾斜，构建了优劳多得、多劳多得的分配机制。

3. 将制度优势转化为学校治理效能

第一，将制度统一为整体。为落实立德树人根本任务，实现五育并举，形成了有关新课程实施方案和德育、智育、体育、美育、劳动教育等方面的制度；为实现管理育人、服务育人，落实党的教育方针，确保正确教育方向，形成了党的建设、行政支持、后勤服务等方面的制度，这些制度都统一到立德树人、教书育人上，形成一个有机整体。这些制度将党和国家的相关政策、文件要求与学校实际结合了起来，是学校治理现代化的路线图和施工图。其中，直接涉及教师参与学校治理的就包括《6. 教师治校策略的研究（各类委员会的成立及运行机制）》《8. 民主参与机制研究》《12. 年级治理体系研究》《26. 通过培养教职工制度意识和制度精神提高制度执行力的实践探索》等四个子课题。（表4-3）

表4-3　黄冈中学现代学校治理制度的研究与探索

一级子课题	二级子课题（研究的主要内容）	负责人
（一）学校治理现代制度的理论研究	1. 学校管理和学校治理的区别：学校治理现代化制度的概念及特征	何兰田、刘伯永
	2. 建立学校治理现代化制度的时代背景	吴金元
	3. 建立学校治理现代化制度的理论依据和意义	何兰田、吴金元
	4. 学校治理现代化制度的价值取向和实现目标	何兰田、吴金元

一级子课题	二级子课题（研究的主要内容）	负责人
（二）学校治理现代化制度体系的架构研究	5. 党委领导和校长负责运行机制的研究	何兰田、陈忠新、刘伯永
	6. 教师治校策略的研究（各类委员会的成立及运行机制）	王实泉、吴学安、吴金元
	7. 学生自治策略的研究	吴学安
	8. 民主参与机制研究	吴金元
	9. 家校协同机制的研究	吴学安
	10. 社会监督机制的研究	刘伯永
	11. 政府保障机制的研究	刘海英
	12. 年级治理体系研究	刘折谷
	13. 学校治理现代化制度体系的理论建构	何兰田、刘伯永、吴金元
（三）现代学校制度比较研究	14. 国内与国外现代学校制度的比较	吴学安
	15. 国内学校与学校之间现代化制度的比较	吴金元
	16. 学校现行制度与治理现代化制度的比较分析	陈忠新
（四）完善德育工作体系，增强立德树人实效性途径的研究	17. 文化育人途径研究	王实泉
	18. 文化育人途径研究	刘折谷
	19. 活动育人途径研究	吴学安
	20. 实践育人途径研究	吴学安
	21. 管理育人途径研究	刘海英
	22. 协同育人途径研究	吴学安
（五）学校治理现代化制度的路径和实施策略研究	23. 学校治理现代化各项制度制定和修改的依据、路径、方法	陈忠新
	24. 学校治理现代化突破口（能力建设、文化建设）的探索	刘折谷
	25. 学校章程与各项治理现代化制度的关系	刘伯永
	26. 通过培养教职工制度意识和制度精神提升制度执行力的实践探索	吴学安、刘折谷、刘海英

续表

一级子课题	二级子课题（研究的主要内容）	负责人
（六）学校治理现代化制度实施效果研究（案例分析）	27. 党的建设制度建立在学校管理中的地位和作用（武装思想、办学方向、队伍建设、治理能力、治理效能）	陈忠新、刘伯永
	28. 校本课程的实施在素质教育中的作用	王实泉
	29. 实施学校治理现代化制度案例评估和鉴定	吴金元
	30. 样本校成果推广（成果推广鉴定）	王实泉

第二，把学习好、宣传好、贯彻好学校系列制度当作当前和今后一个时期的一项重要任务，使之内化于心、外化于行。"内化于心"就是要把握各项制度具体要求和学校各项工作的具体项目、流程及责任，"外化于行"就是把制度精神落实到学校的各项工作中去，落实到每一个岗位上，落实到每一个工作项目中，为实现学校高质量发展做出新的更大的贡献。

第三，加强现代学校治理制度的研究与探索，总结完善提升。学校在工作中，要不断实践，不断总结，不断巩固制度成果，不断深化认识，不断发现问题，不断完善相关制度，不断提高制度的规范性，做到与时俱进。

三、小结

总之，通过对五所案例学校进行的文本资料分析和对学校领导、教师调研访谈进行的三角互证，我们发现：第一，"良治"与"善治"的学校具有一些共性，如基本都具有面向未来的发展愿景和核心价值体系，采用扁平化的组织构架，注重"分布式"领导，尊重普通教师的参与权并赋予其一定的自由度，关注教师的专业发展和职业发展，建立多元化的治理组织来保障教师参与学校治理，不断优化制度体系，将制度优势转化为学校发展势能。第二，不同学校结合自身的办学特色和资源可以采用多样化、"接地气"的教师参与治理方式，以此增强本校教师参与学校治理的有效性。

第五章　研究结论：中小学教师参与学校治理的有效机制

基于第三章的研究结果，我国中小学教师参与学校治理的运行机制总体评价一般（均值 3.26），但是教师参与学校治理的机制是重要的中介变量，教师参与学校治理的意愿通过教师参与学校治理的机制，对教师参与学校治理的能力与效果发挥显著作用。在明确了中小学教师参与学校治理的理想状态、参与现实和目标后，基于第四章案例和访谈研究的结果，总结提出关于教师参与学校治理的有效机制，探寻让教师参与学校治理的具体路径：第一，治理组织是教师参与学校治理的有力保障；第二，促进教师参与学校治理的四大支持机制，即信息公开机制、协商民主机制、意见反馈机制和参与激励机制。信息公开机制确保教师的知情权，知情是教师参与的前提；协商民主机制确保教师能够且平等参与，为教师参与学校治理提供可能性和可行性；意见反馈机制确保教师话语影响力，是教师参与被尊重的体现；参与激励机制则是教师参与的助推，提高教师参与的积极性。四者在促进教师参与学校治理中缺一不可。

一、治理组织是教师参与学校治理的有力保障

一些学校管理中的权力配置失衡，导致理应成为治理主体的教师在治理实践中处于边缘地位，甚至是缺席状态。教师参与需要一定的通道或途径，也需要一定的制度保障或规范。学校中有助于教师参与的机构或制度包括工会、年级组、教研组、教职工代表大会、校务委员会等，也包括其他线上交流或采集意见等途径。但根据问卷调研结果可知，这些机构／会议在教师参与中发挥作用的情况并不如意。

（一）校务委员会／理事会／董事会

1. 组织设计

中小学校务委员会（executive committee of primary and secondary school）是我国中小学建立的对校务进行管理与协调并实行委员会制的组织。其组成人员一般包括校长、书记、副校长、教师代表，有的还包括家长代表、社区人士代表、教育行政机构代表和学生代表。2013 年

以来，我国积极开展中小学校务委员会制度建设的探索，并提出推行"一主（校长负责制）两翼（教职工代表大会、校务委员会）"的现代学校管理制度。其目的是打破教育自身相对封闭的状态，将家长、社区、社会的力量引进学校管理体制，推进学校管理决策的科学化、民主化。

要在学校管理体制中确立校务委员会制度，从而制定《校务委员会工作规程》。学校通过学校章程明确校务委员会的定位、职能、工作原则等，以保证校务委员会的合法性和权威性。校务委员会制度被正式确立为基础教育学校管理体制的重要组成部分，在实践中经历了由咨询建议功能，到部分参与学校决策，再到作为学校管理体制的组成部分，其成为校长负责制的补充和完善。

2. 组织功能与运行机制

（1）明确校务委员会的职能。主要包括：宣传学校的发展规划和重大决策，调动各方面的积极性；提供社会对教育的需求信息，提出完善学校管理和学生教育的建设性意见，反映学校服务对象的意见和建议；对学校或者校务委员会委员代表提交的有关学生管理、学生发展和涉及家长切身利益的事项进行审议并作出相应决定；对学校执行教育法律法规、实施素质教育等工作进行评议和监督；扩大校务委员会的人员构成，明确校务委员会要由学校领导、教师代表、家长代表、社区代表、专家学者、社会代表等组成，高中、中等专业学校还应当有学生代表，其中家长代表和社会代表的人数要占委员总数的三分之二；校务委员成员享有知情权、参与权、提案权、表决权、监督权等权利。

（2）完善校务委员会的运行机制。校务委员会每学期至少召开两次例会，会议除通报学校办学、管理和发展情况，听取委员的意见和建议外，重点是审议与学生切身利益相关的重大事项。在校务委员会的参与下，学校的决策更加富有科学性和可行性，学生和家长的权益得到了维护。

3. 现实状况与问题分析

根据本课题的调研结果，当前我国中小学教师代表能参与本校校务委员会/理事会/董事会的决策的总体得分仅为 3.09 分，刚达到"及格"水平。尤其有10.83%的教师认为"完全不符合"，18.13%的教师认为"不太符合"。

（二）教职工代表大会

1. 组织设计

学校教职工代表大会（以下简称教职工代表大会或教代会），是教职工依法参与学校民主管理和监督的基本形式。教职工代表大会在中国共产党学校基层组织的领导下开展工作。教职工代表大会的组织原则是民主集中制。2012 年教育部颁布的《学校教职工代表大会规定》将教代会的职权明确划分为讨论建议权、讨论通过权、评议监督权等三个方面的权利，以教育行政规章的形式规定了教代会的职权范围，保障了教代会职权有规可依。

教代会是保障教职工权益、促使教职工依法参与学校民主管理与监督的基本形式，是沟通党群关系及干群关系的桥梁和纽带，是学校民主建设的重要组成部分，是学校体制建设的重要内容。如何发挥好教代会的职能，特别是在涉及教职工切身利益及学校重大决策时的监督决策功能，对学校教育质量的提高及学校的长远发展意义重大。

2. 组织功能与运行机制

教职工代表大会是教职工依法参与学校整体式协商的重要途径。学校中涉及教师切身利益的绩效工资方案、教师考核评估方案、教职工福利方案等大部分都是采用这种方式制定的。一般情况下，学校会根据法律法规和上级相关规定拟定草案，然后将草案发给每位教师，让其提出建议或意见。但是学校并不会无条件地采纳所有教师的意见，而是会根据上级和学校规定，采纳教师提出的合理意见，做出决策，形成最终方案，最后由教职工代表大会投票通过。

教师在教代会中的参与内容包括：提出提案、听取报告、反映意见、投票表决。意见提出的方式一般是以教研组或年级组为单位，大家先进行讨论并将意见统一反馈给组长；再由组长交给教代会主席团，进行集体协商，以在校级层面给出回复，合理者采纳修改，不合理者不采纳并给出缘由；最后，教代会会以少数服从多数的原则无记名投票通过相关方案。

3. 现实状况与问题分析

根据本课题的调研结果，当前"我国中小学教职工代表大会运行良好"的总体得分仅为 3.26 分，刚达到"及格"水平。尤其有 10.0% 的教师认为"完全不符合"，12.08% 的教师认为"不太符合"。

当前中小学校教代会改革不断推进，改革效果也逐渐凸显，但与教育治理体系和治理能力现代化的总要求还有很大差距。2012 年教育部颁布的《学校教职工代表大会规定》完善了教代会制度，然而时代转变，许多内容已和当下的教代会实际脱节。教代会工作在整个学校治理中的地位曾长期被边缘化，虽然《学校教职工代表大会规定》明确了"学校教职工代表大会是教职工依法参与学校民主管理和监督的基本形式"，但中小学校长期过于"行政化"的治理模式弱化了教代会的法定地位，影响了教代会职权的落实。

当前，亟待建立与教代会改革创新相适宜的配套制度体系的原因主要为：一是教代会改革创新保障制度缺失，教代会改革创新是"摸着石头过河"的探索，无论是沿用旧制还是创立新规，合法性都有待商榷；二是教代会提案工作制度不健全，提案工作是教代会参与学校治理的直接体现，提案工作制度不完善将直接影响改革顺利推进；三是教代会与工会的工作协调制度欠缺，工会作为教代会改革的执行机构，承担着大量艰巨的任务，但在改革过程中因没有制度支撑而面临很大困难。

（三）职称评定委员会

1. 组织设计

中小学教师职务评审委员会（evaluation committee of professional rank for primary and secondary school teachers）是负责评议审定中小学

教师专业技术职务变动和任职条件的组织。我国现行的以中小学教师职务聘任制为主要内容的中小学教师职称制度于 1986 年建立。

2. 组织功能与运行机制

中小学教师专业技术水平评价是指对通过中小学教师职称岗位竞争推荐、被拟聘为相应职称等级人选的品德、知识、专业水平和业绩贡献是否达到相应标准条件的综合评审，是中小学教师岗位聘用的重要依据和关键环节。

中小学教师职称评审，坚持客观公正、公开透明，坚持育人为本、德育为先，重师德、重能力、重业绩、重贡献，实行同行专家评审，重在社会和业内认可。

中小学教师职称评审实行分工负责、相互配合。教育行政部门负责制定职称评审方案，做好评委会及学科组组建、专家抽选、申报材料审查等工作，并具体负责组织开展职称评审。

学校要在广泛征求教职工意见的基础上，根据相关规定制定本校教师职称推荐办法。师德师风、教学业绩的评价权重不得低于 80%，其中教学业绩方面主要以课时量和教学质量为依据；纳入评分要素的表彰奖励项目须经县级以上党委、政府及其人力资源社会保障、教育行政部门认可。推荐办法经教职工代表大会通过后方可组织实施，并报同级教育行政部门备案。

学校成立以同行专家和一线教师为主的推荐委员会，成员一般不少于 7 人，负责开展对申报人选的考核推荐工作。推荐委员会可采取专家评议、民主测评、量化打分、事迹展评等多种评价方式，从师德、能力、业绩、贡献等方面对申报人选进行全面考核，提出推荐意见。

中小学教师职称实行评委会评审制度。根据评审需要分别组建中小学教师初级、中级、高级职务任职资格评审委员会。各级评委会根据管理权限按规定组建。

3. 现实状况与问题分析

根据本课题的调研结果，当前"我国中小学职称评定委员会运行良好"的总体得分为 3.30 分，仅达到"及格"水平，尤其有 8.13% 的教师认为"完全不符合"，11.25% 的教师认为"不太符合"。

（四）教研组/课题组

1. 组织设计

以课题研究为载体，围绕课题开展教研组的各项学习活动和实践研讨活动等，实现教研和科研的紧密结合，提高教研活动的针对性、系统性、可操作性和实效性，以促进教师业务、教研和科研水平以及学科教学质量的全面提高。

2. 组织功能与运行机制

教师意见的收集、评奖评优中的教师推荐都要通过教研组或年级组，而学校通知意见也多通过它们传达给各位教师，上传下达是其基本功能。除了上传下达的功能，教研组和年级组，尤其是教研组，很多时候是在教研组长引导下的全体教师的整体式协商，教师在其中的参与程度是较高的。

3. 现实状况与问题分析

根据本课题的调研结果，当前"我国中小学教师代表能参与教研组/课题组决策"的总体得分仅为 3.48 分，超过"及格"水平，尤其有 5.42% 的教师认为"完全不符合"，8.33% 的老师认为"不太符合"。

（五）教师工会

1. 组织设计

教师工会是学校在校党组织领导下的教职工自愿结合的教职工群众组织，是校党组织联系广大教职工群众的桥梁和纽带，是全体教职工利益的代表。

2.组织功能与运行机制

在我国的中小学中，教师工会认真履行职责，推进学校改革发展和民主建设，倡导精神文明，构建和谐校园，增强学校凝聚力，维护教职工合法权益，并在为困难教职工排忧解难等方面发挥了应有的作用。

3.现实状况与问题分析

根据本课题的调研结果，当前"我国中小学教师工会运行良好"的总体得分为 3.43 分，超过"及格"水平，尤其有 6.67% 的教师认为"完全不符合"，9.79% 的教师认为"不太符合"。可见，工会组织作为中小学教师参与学校治理的重要组织之一，功能发挥尚可。

（六）其他组织等

根据调查和访谈的结果，除了校务委员会、教职工代表大会、职称评定委员会、教研组 / 课题组、教师工会等普遍性治理组织，部分中小学存在的年级委员会、家校共同发展委员会、课程发展委员会等也是教师参与学校治理的重要组织机构。

二、教师参与学校治理的具体机制

（一）信息公开机制

掌握信息是教师参与学校治理的前提，教师为学校提供建议、咨询、监督、决策，甚至为自己维权等都是在掌握相关信息的基础上进行的。因此，信息公开不仅是提高学校工作透明度的需要，也是保障师生的公众知情权、参与权、表达权和监督权的关键。从校务公开到信息公开，教育政策在中小学信息公开制度化的过程中迈出了重要一步。

1.建立"公开是常态、不公开是例外"的思维方式

广大学校管理者要建立"学校信息公开是常态"的思维方式，因为这事关学校稳健运行的长效机制。俞可平（2000）将"透明性"当作"善治"的要素之一，他认为透明程度越高，善治的程度也越高，而善

治程度与组织的管理效率也呈正相关。①

信息公开，让学校事务运营透明，不仅节约管理成本，也增加了信任资本，同时营造了民主的氛围，为利益群体的参与提供了可能，有利于学校做出科学规范的决策。因此，为了实现学校治理的"善治"目标，提高学校管理效率，学校管理者必须要建立"公开是常态"的思维方式，只有涉及保密的事项才不公开，但在学校日常运营中，这是"例外"。

2. 依据政策，征询意见，制定学校信息公开制度

笔者通过访谈和学校网站发现不少学校制定了信息公开制度，但质量参差不齐，也还有相当一部分学校并未制定。教育部（见上文）和大部分市、县教育当局都制定了中小学信息公开的政策，这为学校制定自身的信息公开制度提供了指导，但是仅仅照搬上级教育行政部门的政策文本，又不免失去学校自身的特色。因此，学校在依据相关政策的基础上，也要征询广大教师、家长的意见，重视他们对学校事务的关注点。其实，征询教师意见的过程也是教师参与学校治理的过程。首先，召开座谈会，邀请各学科、各年级、各教研组、各年龄段等的教师代表参与"信息公开"会议，教师提出自身想了解的学校信息，校方根据政策文件、保密需求，对教师的要求予以回应，合理地进行公开，同时对于涉及保密原则的向教师解释后不予以公开或依申请公开，进一步厘清信息公开的范围。其次，根据国家政策文件，结合座谈会教师对校务公开的期待，制定本学校的校务公开制度，对公开的方式、内容（常规公开和依申请公开）、期限、程序等进行详细的规定。最后，经教职工代表大会通过，严格贯彻落实学校信息公开制度，保证教师的知情权和监督权。这样制定出来的信息公开制度，使各学校在关注共性问题的基础上，也不会失其自身特色。

---

① 俞可平. 治理与善治 [M]. 北京：社会科学文献出版社，2000：9-11.

3. 成立领导和监督小组，将信息公开纳入学校章程

章程是学校的"宪法"，它可以为学校信息公开提供"法律"依据。除成立领导和监督小组外，将信息公开纳入学校章程是最具影响力的"仪式"，更能彰显信息公开的重要性。笔者认为，章程是信息公开的依据，制度是信息公开的指南，它们共同促进学校信息公开的制度化，形成信息公开的机制。

（二）协商民主机制

当教师通过制度化的、合理的渠道不能达成自身诉求的时候，就可能会通过无序的、不合理甚至不合法的渠道去达成诉求。因此，学校必须建立并完善自身的协商民主机制。首先，全校上下要树立协商民主的意识；其次，充分激活并利用现有的协商民主途径；再次，探索新的协商民主的渠道或办法；最后，要做好学校协商民主的技术规范。

1. 树立协商民主意识

协商民主不仅适用于国家治理，而且适用于有着不同利益群体的学校治理，和信息公开一样，协商民主同样是关涉学校发展的长效机制。因此，学校管理者必须树立协商民主意识，不民主的学校不可能获得教师的认可。很多时候，冲突的产生源于利益相关群体没有民主协商的意识，与其压抑民意，不如信息公开，让教师参与进来，在确保其知情权的基础上，让其（代表）参与协商讨论。同时，教师也要树立协商民主的意识。要通过协商讨论，各方在此过程中对自己的言行负责，在相互尊重、相互理解的基础上达成共识。各方都不可避免地要做出利益妥协，但贵在取得共识。总之，无论是校长、教师培训，还是教育行政部门的会议，都要宣传协商民主在学校治理中的重要性。协商民主才是学校治理的根本出路。

2. 激活学校协商民主制度存量

激活协商民主制度存量资源的目的是充分利用现有参与渠道，缓解学校制度环境和技术环境间的矛盾。学校有教职工代表大会、教师大

会、校务委员会、工会等民主制度，有校长信箱、民意调查、民主选举等民主形式。如何保证促进教师参与的现有协商民主机制充分发挥功效？学校领导是关键！管理者必须正视学校现有机构、制度存在的合理性，对制度环境的认同并不总是与组织效率相冲突，有些制度环境，尤其是那些具有明确技术规则的制度环境，非但不会影响组织效率，反而可以促进组织效率的提高，关键是调动教师积极参与治理对促进学校发展的作用是巨大的。另外，充分发挥现有机构、制度在学校治理中的作用，需要遵循规范的参与程序，调动教师表达的积极性，同时做好意见反馈，才能实现教师的有效参与。

3. 探索学校协商民主制度新增量

教师咨询委员会：项目制下的教师参与。学校每学期都会就教育、教学或管理中面临的亟待解决的问题发布项目。项目发布后，教师志愿成为某一个比较有价值的热点、难点问题咨询任务的负责人，将申报的问题上交到教科室。这是教师在学校协商民主中发挥作用的体现，学校探索推出的"教师咨询委员会"是教师参与协商民主的重要制度载体。

政策制定上下结合，促使更多教师积极参与。上下结合的教师参与模式虽然可以扩大参与教师的范围，但是过程中需要校方对收到的意见做好反馈，上文提到的意见反馈制度必须落实好，才会让教师以积极、认真的态度对待"提意见"。总之，自上而下和自下而上相结合的政策方案制定过程，可以在一定程度上扩大教师的参与范围，在更广的程度上践行协商民主。

4. 营造信任氛围，加强协商技术规范

营造和谐的参与氛围，要建立信任感，信任是实现教师赋权增能的基本条件。首先，校长要信任教师。用麦格雷戈 Y 理论指导行为，相信教师不会先天厌恶自己的工作，教师期望创设共同的目标，建立信任、尊重的人际关系。其次，校长要鼓励教师发表自己的意见，不怕犯错，勇于提出自己的观点。让教师放下心理戒备，树立教育理想，激发

其为学校服务的内驱力。

协商民主作为一种解决问题的理念或方式，要想避免流于形式，必须做好技术和程序上的规范。具体包括：决策前的协商民主顶层设计（确定协商内容、如何启动、谁来主持、程序和议事规则等），决策中的协商民主过程引导（如何保证参与者充分表达、有效表达，而非只是揣摩领导意图？如何达成共识？），决策实施过程中的协商民主（如何运用协商结果？如何保证执行效率？）。只有做好协商过程中的这些技术规范，协商民主才能有效发挥作用。

（三）意见反馈机制

《学校教职工代表大会规定》也要求："学校应当建立健全沟通机制，全面听取教职工代表大会提出的意见和建议，并合理吸收采纳；不能吸收采纳的，应当做出说明。"也就是说，教师参与应有"法律"意义上的结果反馈。有了反馈，才能真正产生互动。

1. 重视教师意见反馈的作用

不论是各种形式的协商民主，座谈会、教代会上教师提出的意见，还是普通的民意调查、民主选举，如果当场、当时不能给予教师答复，一定要在合适的时间给予教师回复。只有通过意见反馈，才能让教师意识到自身在学校治理中的存在感和价值感。学校管理人员对教师的诉求要作出及时、负责的回应，不能拖延或者无下文。同时，管理者也要主动、定期征询教师的意见，向教师解释学校政策，并回答教师问题。回应性越大，学校"善治"的程度就越高。

2. 规范教师意见反馈的程序

（1）对教师意见进行归纳整理。校方在认真听取教师意见的基础上，进行归纳、整理和分析，对每一类意见是否采纳作出统一说明，是一种比较有效的处理意见的办法。

（2）明确教师意见的反馈方式。针对教师群体民意调查、民主选举等事项，可以在教职工（代表）大会统一作出反馈；对那些不同教师偏好明显，意见分歧较大的学校事务，校方在归纳分类的基础上，可以在教职工（代表）大会上分类作出反馈，也可以考虑通过教研组、年级组等渠道进行反馈。除了当面的大会反馈、私下交流反馈，校方也可以采取书面反馈、网络反馈等形式。

（3）惩罚意见不反馈行为。无论是公共领域还是学校场域，对于公众参与的意见反馈等依然缺乏必要的约束性举措。如果校方未进行任何反馈，属于程序不当，经教师反映，可以进行撤销。

3. 将意见反馈制度化

制度化是组织和程序获得价值观和稳定性的一种进程，因此有必要将学校治理过程中的意见反馈制度化。学校治理中的意见反馈制度，可以保障学校尊重包括教师在内的各主体意见，可以提高教师参与学校治理的积极性，也可以作为对不尊重教师意见、不进行意见反馈的行为进行惩罚的依据。制度应该对意见反馈的主体、程序和方式、惩罚措施等作出明确规定。具体可以考虑采用上下结合的政策制定方式，收集包括教师在内的相关主体的意见，通过教职工代表大会或者更广范围参与者参与的大会投票表决通过。

（四）参与激励机制

量化数据表明，不仅校方意见反馈、学校关系氛围对教师参与学校治理有重要影响，而且教师自身的意愿也对其在学校治理中的参与程度有重要影响。因此，要重视教师的参与意愿，激发教师参与的积极性。从某种意义上来说，信息公开、意见反馈、协商民主等都是为了使教师愿意参与学校治理。但是，仅有以上机制是不够的，更直接地促进教师参与的办法是"参与激励"。在做好精神激励、物质激励的基础上，做好激励相容，才能让教师真正愿意参与学校治理。

1. 精神激励，让教师意识到参与的价值

促进教师参与的精神激励办法有多种，其中一种便是前文提及的意见反馈。公共政策参与理论认为，管理者要想获得某种特定水平的公民

参与，必须提供与之相当的影响权力作为激励。具体到学校场域，这个"影响权力"通过校方的采纳或重视表现出来，也就是校方的意见反馈，让教师感到自己有能力来影响学校。

其次，促进教师参与的精神激励不仅应该在动员教师参与之前进行，也应该在教师参与之后进行。在动员教师参与学校治理之前，校方应该让教师意识到自身参与的必要性，让教师知晓其参与学校治理对学校、对自身的价值。此外，针对女性教师、未兼任何行政职务的教师等群体在学校治理中参与积极性、参与程度较低的现实，可以考虑让他们为学校联络、工会活动、学生活动等发挥作用。

2. 物质激励，让教师获得参与的报偿

2018 年 1 月 31 日，《中共中央　国务院关于全面深化新时代教师队伍建设改革的意见》明确提出，"不断提高地位待遇，真正让教师成为令人羡慕的职业"。目前我国教师待遇水平并不令人满意，尤其是年轻教师的工资并不能支持其有尊严地生活。在待遇并不令人满意的情况下，通过让教师获得参与的物质报偿来促进教师参与是非常必要的。

同时，要打破平均主义，让参与者获得相应的报偿。参与者和不参与者并没有物质报偿上的实质区别，这严重打击了教师参与学校事务的积极性。因此，建立一种竞争激励机制，在学校经费有限的情况下，通过内部制度设计，真正做到"多劳多得"便非常重要。同时，教育行政部门也要在一定程度上扩大学校财权，或者为学校提供专项发展经费，用于对参与学校治理的教师进行奖励。

此外，为普通教师设立学校发展贡献奖，通过公平、公正的推选办法，让普通教师踊跃为学校发展出谋划策。比如，有学校设置"金点子"制度、"教师咨询委员会"等，由学校发布课题或者问题，让广大师生想办法解决问题，学校向"点子"被采纳者颁发学校发展贡献奖，并给予一定的物质奖励。

3. 构建激励相容机制，统合整体和自我利益

激励相容理论认为，市场经济中的理性个体都有自利的一面，管理就是要构建一套具有相容性的激励机制，让个体在追求个人利益的同时，也能为组织目标达成贡献力量，从而解决个体利益与整体利益之间的矛盾。

首先，可以考虑将个人与集体绩效奖励相结合。为激发普通教师参与班级管理，可以将教师绩效评价与班级评价挂钩。其实，在学校治理中，很多时候都可以采用"团队评价"的方式，如为了促进教师参与教研组的活动，将教师绩效考核与教研组的集体考评结合起来，往更大范围讲，可以把教师绩效考核与学校整体评价结合起来，从而激发教师将个人利益与学校整体利益结合的意识。

其次，分解学校目标，进行目标管理。纵向上可以将学校目标分为长期目标、中期目标和短期目标；横向上可以将学校目标任务分配到各处室、各年级、各教研组，再具体到教师个体。学校要引导教师在制定目标时，将个人目标和集体目标结合起来、将个人阶段目标与集体阶段目标结合起来，引导教师在发展过程中将自我利益与学校整体利益结合起来。

最后，参与式治理认为："公共利益并不是树上的果子，成熟了自己掉下来，或者待在原处等人采摘，而是行政机关和各利益相关方在协商和沟通过程中发现的。"[1] 因此，要承认整体利益和自我利益的差别，校方只有通过与教师协商、沟通，引导教师认识公共利益所在，双方才能在参与的过程中彼此妥协，实现共赢。

综上，信息公开机制、协商民主机制、意见反馈机制和参与激励机制是促进教师参与学校治理的四大有效机制。它们为教师参与提供了可能性、可行性和动力源泉，是促进教师参与的基本制度逻辑。

---

[1] 王锡锌，章永乐."参与式治理"的兴起：经验模式、理论框架与制度分析 [C]// 中国－瑞士"权力的纵向配置与地方治理"国际学术研讨会论文集. 北京：北京大学宪法与行政法研究中心、瑞士弗里堡大学联邦主义研究所，2009：103-135.

第六章　促进中小学教师有效参与学校治理的对策建议

基于第三、四章的调研结果和第五章的研究结论，针对当前我国中小学教师参与学校治理程度不足和无法有效参与学校治理的现状，提出以下四点对策建议。

一、增加教师参与治理的范围和赋权

教师在学校治理中的参与范围以学校的权限范围为基准，政府和学校之间的权限划分影响了教师在学校治理中的参与范围。因此，要扩大学校办学自主权，增加教师参与范围。2014年以来，国家推进教育管办评分离，推行权力清单制度，可以说创设了教师赋权增能的社会大环境，因为如果学校没有事务自主权，教师的赋权增能始终是空谈。为响应国家政策要求，各地纷纷进行改革实践。

要重视校方动员在竞争事务和整体管理事务中的作用。首先，校方动员要重视物质激励。研究者调查发现，70%以上的教师对学校激励教师参与的措施不满意。笔者认为，经费限制是影响教师参与的一个重要因素，这一方面与学校财权受限有关，另一方面则与学校内部激励机制设计不合理有关。在马斯洛需求层次中生理需要都不能获得满足的条件下，让教师仅仅依靠精神奉献是无法获得持久效应的。其次，校方动员不要忽视精神激励。促进教师参与的精神激励不仅应在动员教师参与之前，也应该在教师参与之后。教师参与治理之前，校方应让教师意识到自身参与的必要性，让教师知晓其参与学校治理对学校、对自身的价值。教师参与治理之后，校方一方面要对教师意见进行反馈，不论意见采纳与否，让教师有被尊重感；另一方面要表达对教师的感谢，让教师在精神上获得满足感。最后，校方动员要做好相应的制度建设工作。

本课题调查显示：21.05%的调查对象认为其学校信息公开做得不好；24.59%的调查对象认为其学校尚未设置监督或类似的机构；22.71%的调查对象认为其学校没有教师参与的制度规定；26.26%的调查对象认为其学校没有设置教师参与的操作性指南。以上每项中更有35.0%左右的调查对象认为其学校做得"一般"。因此，学校需要继续完善民主治理的制度规范，向多元主体表明希望其参与学校治理的态度，这是动员教师参与的基础。一般在制度规范背景下，教师中间会形成主动参与的良好氛围。

二、通过反馈增强教师参与的意愿与影响力

意愿在促进教师参与专业事务与竞争事务中的作用更明显。实证分析表明，意愿对教师在专业事务和竞争事务中的参与具有显著影响，但在整体管理事务中，意愿影响并不显著。本研究认为这和学校事务与教师利益相关程度有关。从本质上看，学校各项事务对教师都有利益影响，但有些事务更倾向于教师的个人直接利益。例如，教师在课程教学相关事务中的参与关涉教师专业发展，也关涉教师绩效考核；教学行政事务关涉教师上课班级、课程安排、班主任安排等事务，对教师的工作时间、教学质量、绩效考核等都有直接影响。而有些事务综合看来是学校整体层面上的事务，与学校公共利益相关，如学校发展规划制定、章程制定、文化建设、学校预决算、基础设施建设等。研究者认为意愿在促进教师参与关涉个人直接利益的学校事务中作用重大，关键要看教师愿不愿意参与。

由实证分析结果可知，校方反馈对教师在专业相关事务、竞争事务、整体管理事务中的参与都有显著影响，校方越是采纳、认可教师意见，与教师就其参与结果进行沟通，教师在各项事务中的实际参与程度就越高，反之则不然。公民参与理论认为，如果引导和奖励公民参与的直接报偿稀缺，则需要其他的激励手段。因此，管理者想要获得一定水平的公民参与，就必须提供与之相当的影响权力作为激励方式。管理者如果忽视公众的影响力需要，即管理者只关注公民参与的过程，而不重视与公民分享影响力，就会面临参与失败的风险。本研究认为，教师对学校事务的影响力主要通过校方回馈反映出来，"有去无回"的教师参与严重影响了校方在教师心目中的公信力，也大大降低了教师参与学校治理的意愿。学校领导要慎重对待教师提议，如果教师的意见合理可行

就要认可采纳，如果不合理、不可行也要讲明道理，让教师心服口服，而不是不采纳、不回应、一刀切。

总之，专业事务中更需调动教师参与的意愿，加强教师参与反馈；竞争事务中既需要激发教师自身意愿，也需要充分利用现有参与渠道，动员教师参与并加强参与反馈；整体管理事务中更需要校方利用参与渠道，充分动员教师参与，并加强反馈。因此，校方需要采取有针对性的措施促进教师参与学校治理。

三、优化教师参与治理的组织和途径

（一）明确参与目的，优化参与组织设计

绝大部分学校事务直接或间接地关涉教师利益，教师作为学校主人理应参与到学校治理当中。具体哪些教师如何参与哪些事务，首先要明确教师参与的目的。从校方的角度来看，可以将教师参与的目的分为：了解舆情、增进对决策或政策的接受程度、教师共同决策等。校方在制定政策或作出一项决定时要了解教师的需求和看法。以获取信息为目标的教师参与：教师在其中没有施加影响的权力，只是提供信息。在公共决策中以获取信息为目标的公民参与技术主要包括：关键公众接触法、公民主动发起接触、公民调查等。以增进政策接受性为目标的教师参与方法：教师接受是学校决策成功的先决条件。增进政策接受性的教师参与方式有教师听证会、咨询委员会和仲裁申诉等。[①] 一般而言，在这些参与方式中，教师会同学校领导者分享决策权力。

发挥现有参与渠道对提高教师在竞争事务和整体管理事务中的参与意义重大。数据分析表明，渠道对竞争事务和整体管理事务中的教师参与具有显著影响。本研究认为教师参与学校事务的途径并非不足，只是这些途径的利用率有待提高。学校中有助于教师参与的机构或制度包括教师工会、年级组／教研组、教职工代表大会、校务委员会等，也包括

---

① ［美］约翰·克莱顿·托马斯.公共决策中的公民参与 [M].孙柏瑛等，译.北京：中国人民大学出版社，2010.

其他线上、线下的意见交流与采集等。但事实表明，这些机构或制度在教师参与中发挥作用的情况并不如意。问卷调查显示，除教研组以外，70%以上的调查对象认为其学校各机构发挥的作用一般，甚至较小，可见大部分教师对学校各机构发挥作用的状况并不认可。总之，现存的教师参与途径是制度环境的产物，因为这些机构或制度是政策的要求，是同行的共同做法或"社会事实"，学校会象征性地维持这些机构或制度，这些教师参与的渠道或制度存量已成为学校应付制度化的工具。因此，校方需要重新认识并发挥现有渠道在教师参与中的功用。

（二）优化以共同决策为目标的教师参与方法

公民参与理论认为，与公民共同决策的途径有三种，分别是：公共决策、整体式协商和分散式协商。第一，公共决策。公共决策是学校管理者和教师共同就某一问题做出决定，这并不意味着学校管理者要将所有权力让渡给教师，管理者应该对教师参与的整个程序做出安排，在决策质量规定上发挥权威作用。公共决策在适宜的情景下——教师与学校管理者的目标没有异议或异议不大，可以很好地发挥功效。第二，整体式协商。在整体式协商过程中，学校管理者并不与教师一起作决策，他们保留了更大的权力以控制其偏好在决策中体现。但同时为了尊重教师在决策中的作用，保证决策的可接受性，管理者又必须使决策在一定程度上体现教师的价值偏好。第三，分散式协商。分散式协商是使相互竞争的目标相互协调的较好办法，管理者不会与公民整体进行接触，而是把内部不一致的公民分为不同的部分，分别与其进行协商。这种协商方式在学校管理中是比较常见的，如在绩效工资方案的制定中，有些学校会分别与持有不同意见的教师群体进行协商，在此基础上作出决策。

四、健全教师参与学校治理的制度体系

从治理经验视角来看，通过落实制度建设，来赋予教师治理参与权，是学校治理合理有效的基础保障。一是要充分保障教师的民主参与权。首先，明确教师享有对部分事务的决策权，规定教师在学校所有发

展领域拥有建议权。其次，可将教师提供决策建议的情况纳入教师年度职业考核，有效或被采用则给予充分奖励。二是要科学界定教师参与决策的权限。首先，要通过制度明确教师参与决策的性质，即"治学"而非"治校"，在学科教育、职业培训、职称晋升等层面可以具有决策参与权；在学校治理方向层面，教师具有建议权而非否决权。其次，要规定教师无论是决策权还是建议权，都必须避免为个人意志而行使，要始终代表大多数师生的发展需求与诉求。再次，规定凡是教师参与决策的最终决定，教师与所有决策者"责任共担"；教师参与决策采取"轮值制度"，具体参与人数由学校视情况而定。最后，要明确学校治理章程制度的修改周期及步骤等。

参考文献

一、期刊论文

[1] 褚宏启.教育治理：以共治求善治［J］.教育研究，2014，35（10）：4-11.

[2] 周彬.学校教师队伍治理：理论建构与运作策略［J］.教师教育研究，2020，32（2）：13-19.

[3] ［英］格里·斯托克.新地方主义、参与及网络化社区治理［J］.游祥斌，摘译.国家行政学院学报，2006（3）：92-95.

[4] 魏叶美，范国睿.美国家长教师协会参与学校治理研究［J］.全球教育展望，2016，45（12）：89-101.

[5] 朱家德.教师参与高校治理现状的个案研究［J］.高等教育研究，2017（8）：34-41.

[6] 赵德成，王璐环.学校治理结构及其对学生成绩的影响：中国四省（市）与PISA2015高分国家/经济体的比较分析［J］.全球教育展望，2019，48（6）：24-37.

[7] 许有强，秦启文.组织公民行为研究进展［J］.法制与社会，2008（28）：212.

[8] 樊景立，钟晨波，D. W. Organ.中国的组织公民行为研究［J］.中国社会心理学评论，2006（2）：102-124.

[9] 吴志平.组织公民行为的嵌入性分析［J］.管理观察，2009（14）：28.

[10] 刘爱生.为什么我国大学教师不太愿意参与治校——基于组织公民行为理论的探讨［J］.高教探索，2020（2）：30-35.

[11]王天晓.试析教师共同体治理的制度建设模型——基于对学校制度创新的尝试［J］.中国教育学刊,2013（11）：83-87.

[12]张志坤.中瑞小学教师教育治理方式及培养机制比较［J］.当代教育科学,2013（23）：31-34.

[13]解洪涛,李洁,陈利伟.参与式治理、社会文化与学校的教育绩效——基于PISA数据的东亚国家学校治理差异研究［J］.清华大学教育研究,2015,36（2）：64-73+105.

[14]何兰田.加强制度体系建设 推进学校治理现代化［J］.教育家,2021（6）：56-57.

[15]范国睿.期待教师组织参与教育公共治理［J］.中国民族教育,2016（5）：13.

[16]金月辉.教师参与学校管理问题研究［J］.中小企业管理与科技（中旬刊）,2019（12）：30-31.

[17]侯玉雪,杨烁,赵树贤.学校治理背景下教师参与学校管理的困境及对策研究［J］.教育理论与实践,2019,39（13）：29-32.

[18]王冠.全球教育治理背景下的教师教育治理［J］.基础教育研究,2019（7）：21-23.

[19]姜勇,庞丽娟.论教师专业生命的完美绽放：从管理走向治理［J］.中国教育学刊,2019（8）：65-69+75.

[20]魏叶美.教师参与学校治理的影响因素分析——以C.L.E.A.R模型为视角［J］.上海教育科研,2020（10）：65-69.

[21]王娟.现代学校治理中教师的角色定位与参与［J］.教学与管理,2020（21）：36-38.

[22]祁翔,何瑞珠.学校自主决策、教师参与式治理与学生学业成就［J］.教育经济评论,2020,5（1）：87-109.

[23]蒋蓉,柳燕.农村教师群体性事件治理的多元主体参与——利益相关者的视角［J］.湖南第一师范学院学报,2020,20（2）：72-77.

[24]虞晓贞.教师自主管理视角下的学校治理结构初探［J］.上海教育,2020（Z1）：40.

[25]李广海,杨慧.乡村振兴背景下乡村教师治理角色的重塑［J］.中

国教育学刊，2020（5）：75-79.

[26] 赖配根．面向未来的"学校管理学"——读李希贵《学校如何运转》的一点感悟［J］．人民教育，2020（1）：77-78.

[27] 王欢，金少良，王伟．走向"教师领导型治理" 培育更多"领袖教师"［J］．中小学管理，2020（9）：9-12.

[28] 柴纯青．突出教师在学校治理中的主体地位［J］．中小学管理，2021（4）：1.

[29] 张布和．新时代乡村教师队伍建设的政策脉络和实践理路［J］．教师教育学报，2021，8（1）：22-29.

[30] 江平，李春玲．教师参与学校治理的角色认知、行为选择与组织改进［J］．教学与管理，2021（15）：41-43.

[31] 陈珏玉．教师参与学校治理的困境与途径——以上海市虹口区第四中心小学的实践探索为例［J］．现代教学，2021（9）：20-22.

[32] 魏叶美，范国睿．教师参与学校治理意愿影响因素的实证研究——计划行为理论框架下的分析［J］．华东师范大学学报（教育科学版），2021，39（4）：73-82.

[33] 周丽．乘风破浪再出发，百年老校开新局——黄冈中学"二次创业"中的格局之变［J］．教育家，2021（6）：53-55.

[34] 于莎，刘奉越．OECD 参与全球教师治理：演进历程、价值逻辑和运行机制［J］．外国教育研究，2021，48（5）：15-26.

[35] 董玛瑛．带学生磨豆腐的校长［J］．课堂内外（高中版），2021（11）：54.

[36] 王锡锌，章永乐．"参与式治理"的兴起：经验模式、理论框架与制度分析［C］//中国－瑞士"权力的纵向配置与地方治理"国际学术研讨会论文集．北京：北京大学宪法与行政法研究中心、瑞士弗里堡大学联邦主义研究所，2009：103-135.

二、学术著作

[37]［加］C.B. 麦克弗森．占有性个人主义的政治理论：从霍布斯到洛克［M］．张传玺，译．杭州：浙江大学出版社，2018.

[38]［美］卡罗尔·佩特曼.参与和民主理论［M］.陈尧，译.上海：上海人民出版社，2012.

[39]［美］韦恩·K.霍伊，塞西尔·G.米斯克尔.教育管理学：理论·研究·实践（第7版）［M］.范国睿，译.北京：教育科学出版社，2007.

[40]［德］尤塔·默沙伊恩.大学治理与教师参与决策［M］.魏进平，马永恩，译.知识产权出版社，2014.

[41]吴志宏，冯大鸣，周嘉方.新编教育管理学［M］.上海：华东师范大学出版社，2000.

[42]俞可平.治理与善治［M］.北京：社会科学文献出版社，2000.

[43]李希贵.学校转型：北京十一学校创新育人模式的探索［M］.北京：教育科学出版社，2014.

[44]李希贵.学校如何运转［M］.北京：教育科学出版社，2019.

[45]刘可钦.大家三小：一所学校的变革与超越［M］.北京：中国人民大学出版社，2018.

[46]［美］约翰·克莱顿·托马斯.公共决策中的公民参与［M］.孙柏瑛等，译.北京：中国人民大学出版社，2010.

三、硕博论文

[47]王建艳.中小学教师参与学校管理研究［D］.北京：北京师范大学，2007.

[48]陈晓旭.网络治理视角下教师参与大学治理的机制研究［D］.大连：东北财经大学，2013.

[49]杨薇.制度设计视角下教师参与大学治理现状研究［D］.北京：北京工业大学，2014.

[50]姚秋兰.中小学学校治理中的教师参与问题研究［D］.上海：华东师范大学，2016.

[51]冯捷.教师参与学校治理研究［D］.上海：华东师范大学，2019.

[52]魏叶美.教师参与学校治理研究［D］.上海：华东师范大学，2018.

[53]杨杰.中小学学校管理对教师流失的影响［D］.昆明：云南师范大

学，2019.

四、外文文献

[54] Vasudha Chhotray, Gerry Stoker. Governance Theory and Practice-A Cross Disciplinary Approach [M]. Basingstoke: Palgrave. 2009 : 3.

[55] Unni Vere Midthassel. Teacher Involvement in School Development Activity and Its Relationships to Attitudes and Subjective Norms among Teachers: A Study of Norwegian Elementary and Junior High School Teachers [J]. Educational Administration Quarterly. 2004, 40(3): 435-456.

[56] Waheed Hammad. Teachers' Perceptions of School Culture as a Barrier to Shared Decision-making (SDM) in Egypt's Secondary Schools [J]. Compare: A Journal of Comparative and International Education, 2010, 40(1): 97-110.

[57] Aieman Ahmad Al-Omari. The Organization of Academic Departments and Participation in Decision Making as Perceived by Faculty Members in Jordanian Universities [J]. ISEA. 2007, 35(2):82-100.

[58] Mark A. Smylie. Teacher Participation in School Decision Making: Assessing Willingness to Participate [J]. Educational Evaluation and Policy Analysis. 1992, 14 (1): 53-67.

[59] Cheng Chi Keung. The Effect of Shared Decision-making on the Improvement in Teachers' Job Development [J]. New Horizons in Education. 2008, 56 (3):31-46.

[60] Chan Man-Tak, Ching Yue-Chor, Cheng Yin-Cheong. Teacher Participation in Decision Making: The Case of SMI Schools in Hong Kong [J]. Chinese University Education Journal, 1997, 25 (2), 17-42.

[61] James P. Spillane, Richard Halverson, John B. Diamond Towards a theory of leadership practice: A distributed perspective [J]. Journal of Curriculum Studies, 2004, 36 (1): 3-34.

[62] Dora Choi Wa Ho. Teacher Participation in Curriculum and Pedagogical

Decisions: Insights into Curriculum Leadership [J]. Educational Management Administration & Leadership. 2010, 38(5): 613–624.

[63] Pv F. Peretomode. Decisional Deprivation, Equilibrium and Saturation as Variables in Teacher Motivation, Job Satisfaction and Morale in Nigeria [J]. Academic Leadership: The Online Journal. 2006, 4(1): 111–126.

[64] Sherry R. Arnstein. A Ladder of Citizen Participation [J]. Journal of the American Planning Association, 1969, 35 (4): 216–224.

[65] Duke D.L., Gansneder B. Teacher Empowerment: The View from the Classroom [J]. Educational Policy, 1990, 4 (6): 145–160.

[66] Anit Somech, Roint Bogler. Antecedents and Consequences of Teacher Organizational and Professional Commitment [J]. Educational Administration Quarterly, 2002, 38 (4): 555–577.

[67] Johnson, S.M. Schoolwork and its roform. In J. Hannawory & R. Crowson（ED.）, the politics of reforming school administration [M]. New York: Falmer, 1989: 95–112.

[68] Taylor Dianne L. & Tashakkori, Abbas. Predicting Teachers' Sense of Efficacy and Job Satisfaction Using School Climate and Participatory Decision Making. Paper presented at the Annual Meeting of the Southwest Educational Research Association, January 1994 [C]. San Antonio, TX.

附录1：中小学教师参与学校治理现状的调查问卷

各位老师：

你们好！

党的十九届四中全会提出，推进国家治理体系和治理能力现代化，是全党的一项重大战略任务。教育治理现代化是其重要组成部分，为完善现代学校治理体系，教师作为治理主体需发挥重要作用。为深入了解我国中小学教师参与学校治理的现状，进一步完善教师参与治理的机制，中国教育科学研究院教师课题组特编制此问卷。非常感谢您在百忙之中抽空填写此问卷！答案没有对、错之分，请根据实际情况真实作答。调查所获数据仅用于学术研究，我们承诺对您的所有信息进行严格保密。衷心感谢您对本研究的大力支持！

一、基本信息

1.您的性别：□男　　□女

2.您的学历：□中专　□大专　□本科　□硕士　□博士

3.您所在学校的类别：□小学　□初中　□高中

4.您的教龄：□1～5年　□6～10年　□11～20年　□20年以上

5.您的职称：□初级　　□中级　　□高级　　□特级荣誉

6.您的政治面貌：□中共党员（含预备党员）□共青团员　□民主党派　□无党派人士　□群众

7.您兼任何种行政职务：□没有 □班主任 □年级负责人 □教研组负责人 □教务负责人 □总务负责人 □政教负责人 □人事负责人 □工会负责人 □校长或副校长

8.您任教的课程：□文科类 □理科类 □音体美劳类

9.您是校务委员会／理事会／董事会的成员吗？ □是 □不是

10.您是校教职工代表大会的成员吗？ □是 □不是

11.您学校所在的位置：□直辖市／省会 □一般城市 □县城 □乡镇 □农村或教学点

12.您学校的性质：□公办学校 □民办学校

二、教师参与学校治理的内容与维度。根据以下描述，请在符合实际情况的选项上打"√"。

您在学校参与了以下事务	不知情	知情	提供意见	参与研讨	参与决议
1.学校办学方向与定位					
2.学校领导人选举					
3.学校经费预算与使用					
4.学校基建与发展规划					
5.学校章程／制度拟定					
6.校本课程开发					
7.学科教学计划制定					
8.教研组课题研讨					
9.教学质量评价方案制定					
10.教师任教班级安排					
11.教师课程安排					
12.班主任安排					
13.学生编班					
14.学生课外活动指导					
15.学生奖惩纪律制定					

续表

您在学校参与了以下事务	不知情	知情	提供意见	参与研讨	参与决议
16.家校关系处理					
17.校园文化建设					
18.教师职称评定					
19.教师考核推优					
20.教师工资福利分配					

三、教师的参与意愿。结合自身情况，请在符合实际情况的选项上打"√"（"学校事务"指课堂外的学校管理事务）。

	非常不符合	不太符合	一般	比较符合	非常符合
1.我对参与学校事务很感兴趣					
2.能够参与学校事务，我感到高兴和自豪					
3.参与学校事务，我的自我价值得到实现					
4.我愿意在完成教学任务的前提下多参与学校事务					
5.我能接受牺牲一些休息时间参与学校事务					
6.我渴望了解学校治理实情					
7.为了提高自身的专业水平，我愿意参与学校事务					
8.为了提高我在学校的影响力，我愿意参与学校事务					
9.为了维护自己利益，我愿意参与学校事务					
10.为了学校更好发展，我愿意进言献策					

四、教师的参与能力与参与效果。结合自身情况，请在符合实际情况的选项上打"√"。

	非常不符合	不太符合	一般	比较符合	非常符合
1.我具备参与学校治理的专业知识和技能					

	非常不符合	不太符合	一般	比较符合	非常符合
2.我具备参与学校事务所需的沟通能力					
3.我具备参与学校事务所需的合作能力					
4.我清楚知道参与学校治理的有效渠道与方式					
5.我具有良好的政策咨询能力					
6.我的想法或意见被学校采纳过					
7.我的想法或意见引起过学校领导的重视					
8.不论我的意见被采纳与否，学校领导都给过我反馈					
9.我的意见为学校带来了改变或积极影响					
10.曾因参与学校治理产生良好效果，获得相应的奖励					

五、教师参与学校治理的组织与机制。根据以下描述，请在符合实际情况的选项上打"√"。

您所在学校相关机构的功能	非常不符合	不太符合	一般	比较符合	非常符合
1.教师代表能参与本校校务委员会/理事会/董事会决策					
2.学校教职工代表大会功能运转良好					
3.学校职称评定委员会功能运转良好					
4.学校教研组/课题组功能运转良好					
5.学校教师工会功能运转良好					
6.学校的信息公开程度令人满意					
7.学校设置了良好的教师监督和申诉机制					
8.学校有要求教师（代表）参与学校治理的制度性规定					
9.学校有告知教师如何参与学校治理的操作性指南					
10.学校设置了促进教师参与学校治理的奖励条款					

附录2：中小学教师参与学校治理的访谈提纲

尊敬的领导／老师：

您好！教师参与学校治理在全球范围内已成为学校发展革新的潮流，为深入了解我国中小学教师参与学校治理的情况，希望向您进行请教和访谈。

访谈提纲大致如下：

作为一名教师／学校领导，您参与过学校哪些方面的治理事务？您是如何参与的？您在其中做了什么（比如，提建议、与大家讨论并执行、进行审议、参与决策、进行监督和评价等）？您愿意做这些事情吗？为什么？您觉得参与这些事务对您的职业发展有正面影响吗？

您跟校长提过意见或主动要求过参与学校治理吗？学校领导是否对您的意见进行了有效反馈或采纳？

您了解学校有哪些组织／机构可以为教师提供参与学校治理的机会？在这些组织／机构中您是如何做的（比如，教研组、教职工代表大会、教师工会、校务委员会、家长委员会等）？效果如何？

未来您期望能够参与学校哪些方面的事务？如何参与？参与到什么程度？您认为学校应该出台哪些制度保障，才能让您更愿意参与？

附录3：我国中小学教师参与学校治理重要政策法规节选

《中华人民共和国教育法》节选

（1995 年 3 月 18 日第八届全国人民代表大会第三次会议通过，根据 2021 年 4 月 29 日第十三届全国人民代表大会常务委员会第二十八次会议《关于修改〈中华人民共和国教育法〉的决定》第三次修正）

第三十一条　学校及其他教育机构的举办者按照国家有关规定，确定其所举办的学校或者其他教育机构的管理体制。

学校及其他教育机构的校长或者主要行政负责人必须由具有中华人民共和国国籍、在中国境内定居、并具备国家规定任职条件的公民担任，其任免按照国家有关规定办理。学校的教学及其他行政管理，由校长负责。

学校及其他教育机构应当按照国家有关规定，通过以教师为主体的教职工代表大会等组织形式，保障教职工参与民主管理和监督。

第三十三条　教师享有法律规定的权利，履行法律规定的义务，忠诚于人民的教育事业。

《中华人民共和国教师法》节选

（1993 年 10 月 31 日第八届全国人民代表大会常务委员会第四次会议通过，根据 2009 年 8 月 27 日第十一届全国人民代表大会常务委员会第十次会议通过的《全国人民代表大会常务委员会关于修改部分法律的决定》修正）

第七条　教师享有下列权利：

（一）进行教育教学活动，开展教育教学改革和实验；

（二）从事科学研究、学术交流，参加专业的学术团体，在学术活动中充分发表意见；

（三）指导学生的学习和发展，评定学生的品行和学业成绩；

（四）按时获取工资报酬，享受国家规定的福利待遇以及寒暑假期的带薪休假；

（五）对学校教育教学、管理工作和教育行政部门的工作提出意见和建议，通过教职工代表大会或者其他形式，参与学校的民主管理；

（六）参加进修或者其他方式的培训。

《中华人民共和国义务教育法》节选

（1986 年 4 月 12 日第六届全国人民代表大会第四次会议通过，根据 2018 年 12 月 29 日第十三届全国人民代表大会常务委员会第七次会议《关于修改〈中华人民共和国产品质量法〉等五部法律的决定》第二次修正）

第二十八条　教师享有法律规定的权利，履行法律规定的义务，应当为人师表，忠诚于人民的教育事业。

全社会应当尊重教师。

《国家中长期教育改革和发展规划纲要（2010—2020年）》节选

（《国家中长期教育改革和发展规划纲要》工作小组办公室 2010-07-29 发布）

（四十一）完善中小学学校管理制度。完善普通中小学和中等职业学校校长负责制。完善校长任职条件和任用办法。实行校务会议等管理制度，建立健全教职工代表大会制度，不断完善科学民主决策机制。扩大中等职业学校专业设置自主权。建立中小学家长委员会。引导社区和有关专业人士参与学校管理和监督。发挥企业参与中等职业学校发展的作用。建立中等职业学校与行业、企业合作机制。

（四十四）依法管理民办教育。教育行政部门要切实加强民办教育的统筹、规划和管理工作。积极探索营利性和非营利性民办学校分类管理。规范民办学校法人登记。完善民办学校法人治理结构。民办学校依法设立理事会或董事会，保障校长依法行使职权，逐步推进监事制度。积极发挥民办学校党组织的作用。完善民办高等学校督导专员制度。落实民办学校教职工参与民主管理、民主监督的权利。依法明确民办学校变更、退出机制。切实落实民办学校法人财产权。依法建立民办学校财务、会计和资产管理制度。任何组织和个人不得侵占学校资产、抽逃资金或者挪用办学经费。建立民办学校办学风险防范机制和信息公开制度。扩大社会参与民办学校的管理与监督。加强对民办教育的评估。

（六十四）大力推进依法治校。学校要建立完善符合法律规定、体现自身特色的学校章程和制度，依法办学，从严治校，认真履行教育教学和管理职责。尊重教师权利，加强教师管理。保障学生的受教育权，对学生实施的奖励与处分要符合公平、公正原则。健全符合法治原则的教育救济制度。

开展普法教育。促进师生员工提高法律素质和公民意识，自觉知法守法，遵守公共生活秩序，做遵纪守法的楷模。

《全面推进依法治校实施纲要》节选

（中华人民共和国教育部于 2012 年 11 月 22 日印发，教政法〔2012〕9 号）

4. 全面推进依法治校的总体要求。学校要牢固树立依法办事、尊重章程、法律规则面前人人平等的理念，建立公正合法、系统完善的制度与程序，保证学校的办学宗旨、教育活动与制度规范符合民主法治、自由平等、公平正义的社会主义法治理念要求；要以建设现代学校制度为目标，落实和规范学校办学自主权，形成政府依法管理学校，学校依法办学、自主管理，教师依法执教，社会依法支持和参与学校管理的格局；要以提高学校章程及制度建设质量、规范和制约管理权力运行、推动基层民主建设、健全权利保障和救济机制为着力点，增强运用法治思维和法律手段解决学校改革发展中突出矛盾和问题的能力，全面提高学校依法管理的能力和水平；要切实落实师生主体地位，大力提高自律意识、服务意识，依法落实和保障师生的知情权、参与权、表达权和监督权，积极建设民主校园、和谐校园、平安校园。

6. 提高制度建设质量。学校制定章程或者关系师生权益的重要规章制度，要遵循民主、公开的程序，广泛征求校内外利益相关方的意见。重大问题要采取听证方式听取意见，并以适当方式反馈意见采纳情况，保证师生的意见得到充分表达，合理诉求和合法利益得到充分体现。要依据法律和章程的原则与要求，制定并完善教学、科研、学生、人事、资产与财务、后勤、安全、对外合作等方面的管理制度，建立健全各种办事程序、内部机构组织规则、议事规则等，形成健全、规范、统一的制度体系。章程及学校的其他规章制度要遵循法律保留原则，符合理性与常识，不得超越法定权限和教育需要设定义务。学校章程和规章制度，应当加以汇编并公布，便于师生了解、查阅。有网络条件的，应当在学校网页上予以公开。涉及师生利益的管理制度实施前要经过适当的公示程序和期限，未经公示的，不得施行。

16.尊重和保障教师权利。学校要依据《教师法》和相关法律法规的规定，进一步建立和完善教师聘任和管理制度，制定权利义务均衡、目标任务明确，具有可执行性的聘任合同，明确学校与教师的权利与义务，依法聘任教师，认真履行合同。要依法在教师聘用、职务评聘、继续教育、奖惩考核等方面建立完善的制度规范，保障教师享有各项合法权益和待遇。要充分尊重教师在教学、科研方面的专业权力，学术组织中教师代表的比例不低于1/2。要落实教师职业道德规范，强化师德建设，明确教师考核、监督与奖惩的规则与程序。

20.完善教师学生权利救济制度。学校要设立教师申诉或者调解委员会，就教师因职责权利、职务评聘、年度考核、待遇及奖惩等，与学校及有关职能部门之间发生的纠纷，或者对学校管理制度、规范性文件提出的意见，及时进行调处，做出申诉结论或者调解意见。教师申诉或者调解委员会应当有广泛的代表性和权威性，成员应当经教职工代表大会认可。完善学生申诉机制。学校应当建立相对独立的学生申诉处理机构，其人员组成、受理及处理规则，应当符合正当程序原则的要求，并允许学生聘请代理人参加申诉。学校处理教师、学生申诉或纠纷，应当建立并积极运用听证方式，保证处理程序的公开、公正。

23.全面提高教师依法执教的意识与能力。要认真组织教师的法制宣传教育，在教师的入职培训、岗位培训中，明确法制教育的内容与学时，建立健全考核制度，重要的和新出台的教育法律、法规要实现教师全员培训。要围绕全面推进依法治校的要求，组织教师深入学习有关落实国家教育方针、规范办学行为、维护教师合法权益、保障教职工民主管理权的法律规定，明确教师的权利、义务与职责，切实提高广大教职员工依法实施教育教学活动、参与学校管理的能力。对专门从事法制教育教学的教师，要组织参加专门培训，提高其对法治理念、法律意识的理解与掌握程度。

《依法治教实施纲要（2016—2020 年）》节选

（中华人民共和国教育部于 2016 年 1 月 7 日印发，教政法〔2016〕1 号）

三、深入推进教育部门依法行政

（二）推进决策科学化、民主化、法治化。健全依法决策机制，在重大决策中，全面落实公众参与、专家论证、风险评估、合法性审查和集体讨论决定的程序要求，确保决策制度科学、程序正当、过程公开、责任明确。事关教育发展全局和涉及群众切身利益的重大决策事项，应当广泛听取意见，建立重大教育决策事项的民意调查制度。提高专家论证和风险评估质量，建立教育决策咨询论证专家库，鼓励专家、专业机构长期跟踪研究重大教育问题。

（五）构建多元参与的教育治理体制。进一步依法健全教育督导制度，切实发挥教育督导机构和督学的作用。加快国家教育标准体系建设，改革、完善教育标准起草与审查机制，到 2020 年形成系统、完善的国家教育标准体系。完善教育领域的第三方评估机制，建立健全教师资格、学位、学业水平、教育质量、课程等领域的专业评价制度。加强对社会化教育活动规律特点的研究，健全市场监管标准、体制，发挥好市场机制在教育资源配置中的作用，形成多元参与的教育治理格局。完善体现教育系统特点的惩治和预防腐败制度体系和有效机制，营造风清气正的教育生态。

（六）健全教育领域纠纷处理机制。积极探索建立在法治框架内的多元化矛盾纠纷解决机制，引导公民、法人和其他社会组织通过法治途径，合法合理表达诉求，妥善处理各类教育纠纷。建立健全教育系统的法律顾问制度，依法积极应对诉讼纠纷，尊重司法监督。完善教育行政复议案件处理机制，规范办案流程，加大公开听证审理力度，依法加强对下级教育行政部门的层级监督。制定《教师申诉办法》《学生申诉办法》，健全教师和学生申诉制度。建立健全学生伤害事故调解制度，鼓励在市（地）或者县（区）设立由司法、教育部门牵头，公安、保监、财政、卫生等部门参加的学校学生伤害事故调解组织，吸纳具有较强专业知识和社会公信力、知名度，热心调解和教育事业的专业人员、家长代表等，组成调解委员会，发挥人民调解在学校学生伤害事故认定和赔偿中的作用。在招生、职务评聘、学术评价、学术不端行为认定等领域，探索试行专业裁量或者仲裁机制。创新信访工作机制，建立重大案件协商制度，积极运用法治方式处理信访案件。

四、大力增强教育系统法治观念

（五）着力提升中小学法治教育教师专业素质。采取多种措施，提高中小学法治教育教师的法律素质和教学能力。实施国家、省、市、县四级法治教育教师专业素质专项培训计划，实施中小学法治教育名师培育工程，建设若干师资培训基地。到2020年，每所中小学至少有1名教师接受100学时以上的系统法律知识培训，能够承担法治教育教学任务，协助解决学校相关法律问题。

五、深入推进各级各类学校依法治校

（三）完善师生权益保护机制。研究制定《关于加强学校安全风险防控机制的意见》，健全学校安全风险防控机制，探索建立学校安全风险顾问制度，形成妥善预防和解决学校安全问题的法治化框架，完善学校保险机制，进一步提高学校应对安全问题的能力。制定《未成年人学校保护规定》，与有关专业机构合作，探索建立青少年学生权益保护中心，依法健全学校未成年学生的权利保护机制。鼓励依托教职工代表大会、学生代表大会制度，健全完善学校的学生申诉、教师申诉制度，设立师生权益保护、争议调解委员会、仲裁委员会等机构，吸纳师生代表，公平、公正调处纠纷、化解矛盾。

《中国教育现代化2035》节选

（中共中央、国务院印发 时间：2019年2月）

七是建设高素质专业化创新型教师队伍。大力加强师德师风建设，将师德师风作为评价教师素质的第一标准，推动师德建设长效化、制度化。加大教职工统筹配置和跨区域调整力度，切实解决教师结构性、阶段性、区域性短缺问题。完善教师资格体系和准入制度。健全教师职称、岗位和考核评价制度。培养高素质教师队伍，健全以师范院校为主体、高水平非师范院校参与、优质中小学（幼儿园）为实践基地的开放、协同、联动的中国特色教师教育体系。强化职前教师培养和职后教师发展的有机衔接。夯实教师专业发展体系，推动教师终身学习和专业自主发展。提高教师社会地位，完善教师待遇保障制度，健全中小学教师工资长效联动机制，全面落实集中连片特困地区生活补助政策。加大教师表彰力度，努力提高教师政治地位、社会地位、职业地位。

十是推进教育治理体系和治理能力现代化。提高教育法治化水平，构建完备的教育法律法规体系，健全学校办学法律支持体系。健全教育法律实施和监管机制。提升政府管理服务水平，提升政府综合运用法律、标准、信息服务等现代治理手段的能力和水平。健全教育督导体制机制，提高教育督导的权威性和实效性。提高学校自主管理能力，完善学校治理结构，继续加强高等学校章程建设。鼓励民办学校按照非营利性和营利性两种组织属性开展现代学校制度改革创新。推动社会参与教育治理常态化，建立健全社会参与学校管理和教育评价监管机制。

《新时代基础教育强师计划》节选

（教育部、中央宣传部、中央编办、国家发展改革委、财政部、人力资源社会保障部、住房和城乡建设部、国家乡村振兴局于 2022 年 4 月 2 日印发，教师〔2022〕6 号）

（十一）优化义务教育教师资源配置。深入推进县域内义务教育学校教师"县管校聘"管理改革，加大音体美、劳动教育、信息技术、心理健康教育等紧缺学科教师补充力度，重点加强城镇优秀教师、校长向乡村学校、薄弱学校流动，发挥优秀教师、校长的辐射带动作用，扩大优质资源覆盖面，整体提升学校育人能力。完善交流轮岗激励机制，将到农村学校或薄弱学校任教 1 年以上作为申报高级职称的必要条件，3 年以上作为选任中小学校长的优先条件。城镇教师校长在乡村交流轮岗期间，按规定享受乡村教师相关补助政策。实施银龄讲学计划，鼓励支持乐于奉献、身体健康的退休优秀校长教师到乡村和基层学校支教讲学。加强乡村教师周转宿舍建设，支持地方完善住房保障体系，加大保障性住房供应力度，解决教师队伍住房困难问题。

（十五）推进教师队伍建设信息化。建设师范生管理信息系统，加快完善教师管理信息系统和教师资格管理信息系统，提升管理服务支撑功能。完善国家教师管理服务信息化平台，精准到人，为教师队伍建设提供信息化决策和便捷化服务支撑。加强信息系统安全防护，确保教师信息安全。深入实施人工智能助推教师队伍建设试点行动，探索人工智能助推教师管理优化、教师教育改革、教育教学方法创新、教育精准帮扶的新路径和新模式，总结试点经验，提炼创新模式，逐步在全国推广使用，进一步挖掘和发挥教师在人工智能与教育融合中的作用。

《学校教职工代表大会规定》节选

（2011年11月9日第34次部长办公会议审议通过，并经商中华全国总工会同意，现予发布，自2012年1月1日起施行，中华人民共和国教育部令第32号）

第十三条　教职工代表大会代表享有以下权利：

（一）在教职工代表大会上享有选举权、被选举权和表决权；

（二）在教职工代表大会上充分发表意见和建议；

（三）提出提案并对提案办理情况进行询问和监督；

（四）就学校工作向学校领导和学校有关机构反映教职工的意见和要求；

（五）因履行职责受到压制、阻挠或者打击报复时，向有关部门提出申诉和控告。

《关于建立中小学校党组织领导的校长负责制的意见（试行）》节选

（中共中央办公厅2022年1月印发）

（七）学校党组织会议和校长办公会议（校务会议）要坚持科学决策、民主决策、依法决策。讨论决定学校重大问题，应当在调查研究基础上提出建议方案，经学校领导班子成员特别是党组织书记与校长充分沟通且无重大分歧后提交会议讨论决定。对涉及干部工作的方案，在提交党组织会议讨论决定前，应当在一定范围内进行充分酝酿。对事关师生员工切身利益的重要事项，应当通过教职工大会（教职工代表大会）

或其他方式，广泛听取师生员工的意见和建议。对专业性、技术性较强的重要事项，应当经过专家评估及技术、政策、法律咨询。会议决定的事项如需变更、调整，应当按照决策程序进行复议。

中小学校要结合实际，制定学校党组织会议、校长办公会议（校务会议）的会议制度和议事规则，并按管理权限报教育主管部门审查和备案。

（十一）发挥教职工大会（教职工代表大会）和群团组织作用，健全师生员工参与民主管理和监督的工作机制。按照规定实行党务公开和校务公开，及时向师生员工、群团组织等通报学校工作情况。